Philippe Setbon

KLAUS KINSKI

Seine Filme – sein Leben

Deutsche Erstausgabe

WILHELM HEYNE VERLAG
MÜNCHEN

HEYNE FILMBIBLIOTHEK
32/53

4. Auflage

Copyright © 1979 by PAC Editions, Paris
Copyright © der deutschen Ausgabe
1983 by Wilhelm Heyne Verlag GmbH & Co. KG, München
Printed in Germany 1992
Umschlagfoto: Pandis Media/Angeli Florian, München
Rückseitenfoto: Archiv Dr. Karkosch, Gilching
Umschlaggestaltung: Atelier Ingrid Schütz, München
Satz: Fotosatz Völkl, Puchheim
Druck und Verarbeitung: Ebner Ulm

ISBN 3-453-86053-5

Inhalt

Vorwort: Der Mensch als Legende   7

Kapitel 1   Die Vergangenheit   13
Kapitel 2   Italien   30
Kapitel 3   Der König des Italo-Western   44
Kapitel 4   »Ich bin Aguirre, der Zorn Gottes!«   66
Kapitel 5   Der neue Star des französischen Kinos   77
Kapitel 6   »Ich wage zu behaupten, daß Kinski
              ein Genie ist!«   89
Kapitel 7   Woyzeck: Das Erreichen der Grenze   93
Kapitel 8   Star in Hollywood?   101
Kapitel 9   Abgesang auf einen Exzentriker   117

Filmographie   125
Bibliographie   187
Register   188

DANKSAGUNG

An François Guérif, François Joyeux, Gérard Cossevin, René Tabès, Sylvie Zieba, Jean-Louis Pany, Roland Lacourbe, Olivier Eyquem, Pierre Goulliard, Yvette Etievant, Jean-Baptiste Carlier, Jean-Pierre Busca, Alain Delahaye, Jean Guihard und ganz besonders an Klaus Kinski, der uns seine private Sammlung zur Verfügung gestellt und viele Stunden damit verbracht hat, zum Entstehen dieses Buches beizutragen.

Die Verantwortlichen für die deutsche Ausgabe dieses Buches über Klaus Kinski bedanken sich bei Christian Unucka, Gregor Ball und Philippe Rége für die freundliche Bereitstellung von Informationsmaterial über den Schauspieler.

Vorwort

Der Mensch als Legende

Wenige Menschen können schon zu Lebzeiten von sich selbst behaupten: »Ich bin eine Legende.«

Klaus Kinski gehört zu den wenigen. Als im Jahre 1975 in Frankreich ohne großes Aufsehen und mit wenig Werbeaufwand ein Film anlief, schlug Kinski ein wie eine Bombe. Der Film hieß *Aguirre, der Zorn Gottes*. Er sollte sich als einer der großartigsten Streifen der Filmgeschichte erweisen.

In der Rolle des Aguirre mit seiner gequälten Visage voller Tragik und den grotesken Verrenkungen seines Körpers schlug Kinski ganz Frankreich in seinen Bann. Was die Leute damals noch nicht wußten, ist die Tatsache, daß dieser Schauspieler schon im Jahre 1948 in einem Kinofilm debütiert hatte. In Italien, Deutschland und in geringerem Maße überall in der Welt war Kinski schon ein äußerst populärer Star. In Saigon wurde er sogar mitten auf der Straße von einem kleinen Vietnamesen erkannt.

Wer ist dieser Kinski?

Verbirgt sich hinter der Legende ein anderer Mensch, oder sind beide so innig miteinander verwoben, daß sie nicht getrennt gesehen werden können? Alles ist schon über Kinski gesagt, aber nichts erklärt worden: Angeblich sei er gewalttätig, ausschweifend und voller Haß gegen sein Metier. Doch anscheinend hat man das Wesentliche an ihm übersehen: Er ist authentisch.

Kinski ist der Schrecken der Produzenten. Kinski fällt inmitten der Dreharbeiten über seine Kollegen her, wenn er etwas an ihnen zu bemängeln hat. Kinski ist verrückt. Kinski ist gefährlich. Legende oder Wirklichkeit? Wir müssen uns mit Mutmassungen zufriedengeben, denn Kinski hat es stets abgelehnt, sich zu rechtfertigen und die Beweggründe seines Handelns zu erläutern.

Gewiß, er ist durchaus auch jener Mensch ohne Maß, und die Werbung schlachtet das weidlich aus. Dennoch macht diese Facette seines Wesens nur einen verschwindend kleinen Teil der

7

einzigartigen Gesamtpersönlichkeit von Klaus Kinski aus. Dieser Mann ist ein lebendes Paradoxon.

Bei Kinski scheinen alle Worte des alltäglichen Sprachgebrauchs ihren Sinn zu verlieren und lächerlich zu wirken. Wenn man diesen Schauspieler agieren sieht, ist es unmöglich zu sagen: Er spielt gut oder er spielt schlecht. Dafür gibt es einen guten Grund: Kinski »spielt« nicht, er verkörpert.

Das Wort »Karriere« ist Kinski fremd. Nie hat er, voller Umsicht und von Ehrgeiz getrieben, die Sprossenleiter seines beruflichen Erfolges selbst gezimmert, wie ein Robert De Niro zum Beispiel, der in dieser Hinsicht für Kinski der schlimmste von allen ist. Kinski hat Filme gemacht, gute und schlechte.

Um sich aus diesem »Spiel« herauszuhalten und um permanent gegen den jeweiligen Stand der Dinge zu revoltieren, hat Kinski nicht erst abgewartet, bis er wohlhabend und berühmt war. Schon als kleiner Junge wurde er beim Stiebitzen zum schnellsten Läufer seines Viertels, doch als er wenig später in der Schule bei einem Wettlauf gegen seine Kameraden antreten sollte, richtete er es so ein, daß sie ihm alle davonliefen.

Nein, Kinski hat niemals das »Spiel« mitgemacht. Er ging nicht den Weg des geringsten Widerstandes, als er bei seinem Debüt auf der Bühne eine Frauenrolle spielte und dadurch einen Skandal verursachte. Als er seine Autobiographie mit dem Titel »Crever pour vivre« schrieb, setzte er seinen Namen nicht unter eines dieser aseptischen Machwerke, wie sie Bühnen- oder Filmstars zu verfassen pflegen, wenn sie sich in der Schriftstellerei versuchen. Sein Buch ist ein einziger Aufschrei.

Nun mag man sich fragen, warum sich niemand mit Klaus Kinski auskennt, obwohl er in seinem Leben schon viele Tausende Interviews gewährt und eine Autobiographie verfaßt hat. Die Gründe davor sind simpel: Ein Interview und ein Buch bestehen aus Worten, und Worte sind für Kinski nicht genug. Die Worte, die er benutzt, um seine Empfindungen auszudrücken oder um über seinen Schauspielerberuf zu sprechen, sind in ihrem Sinn allzu begrenzt und werden deshalb stets falsch ausgelegt. Als Kinski eines Tages einem Journalisten erläuterte, warum die Leute so fasziniert von ihm seien, und als der Zeitungsmann daraufhin fragte: »Tragen Sie da nicht etwas zu dick auf?«, konnte Kinski gar nicht anders antworten als: »Armer Irrer!«

Klaus Kinski in Berlin. Er interpretiert das Neue Testament aus seiner Sicht.

Kinski ist unablässig auf der Suche nach dem Absoluten, ob es nun um die körperliche Liebe geht, ob er nächtelang in Peru den Sternenhimmel betrachtet, ob er sich durch den Urwald schlängelt oder ob er eine Szene immer wieder durchspielt, bis er völlig erschöpft ist.

»Nach Vorstellungen, in denen ich auftrat, blieben die Leute manchmal noch drei Stunden im Saal, obwohl der Vorhang längst gefallen war. Niemand dachte ans Gehen. Aber ich pfeife auf den Applaus. Was ich dem Publikum gegeben habe, ist eine ganz natürliche Sache: Ich habe Kraft auf die Leute übertragen, etwas von jener Kraft, welche die ganze Natur beherrscht, welche bewirkt, daß ein Hund ein Hund ist und ein Baum ein Baum. Es ist ganz normal, daß das Publikum von mir fasziniert ist, aber an Beifall liegt mir nichts. Auch ein Autounfall ist faszinierend, es fällt einem schwer, die Augen davon abzuwenden. Aber ist das schon ein Grund, um zu applaudieren?«

Jede neue Facette von Kinskis Persönlichkeit scheint alles noch komplizierter zu machen, statt Licht auf die Sache zu werfen. Jeder Satz, jeder Gesichtsausdruck, jede Färbung seiner Stimme scheint einen anderen Menschen zu offenbaren.

Doch wer von allen ist der wahre Kinski? Ist er der instinktsichere Schauspieler, der nicht einmal dem Regisseur gestattet, ihn zu berühren? Oder ist er der aufsässige Darsteller, der die ganze Truppe terrorisiert, um auch beim mittelmäßigsten Film noch zu retten, was zu retten ist? Ist er der zartfühlende, sympathische und irgendwie scheue Mann, der er bei Fernsehinterviews zu sein scheint? Oder der Schriftsteller, aus dem Liebe und Haß heulend und brüllend hervorbrechen? Ist Kinski vielleicht der furchteinflößende Bandit so vieler Wildwestfilme? Aguirre? Woyzeck? Oder sonst eine der zweihundert Rollen, die er in seinem bisherigen Leben verkörperte?

Ohne Zweifel ist keine dieser Personen der ganze Kinski, aber von allen steckt ein wenig in ihm. Kinskis Persönlichkeit ist allzu schwer zu fassen, sie ist zu überschäumend, zu sehr bis aufs äußerste reizbar, als daß irgendwer sich anheischig machen könnte, sie in eine Form zu pressen. Immer wenn ein Produzent die Intelligenz aufbringt, diesem Mann die Zügel schleifen zu lassen, kommen dabei unfehlbar außergewöhnliche Leistungen zustande. Der einzige, mit dem sich Kinski nach eigener Aussage in vollständigem Einklang befindet, ist Werner Herzog, mit dem er bislang Filme wie *Aguirre, Nosferatu, Woyzeck und Fitzcarraldo* gemacht hat. Wenn man im Gespräch mit Herzog Kinskis »Verrücktheit« erwähnt, ist seine Antwort:

»Ehrlich gesagt glaube ich, daß die anderen verrückt sind.«

Nach einigem Nachdenken erscheint diese Aussage durchaus nicht so paradox und übertrieben, wie sie anfänglich klingt.

Klaus Kinski heute.

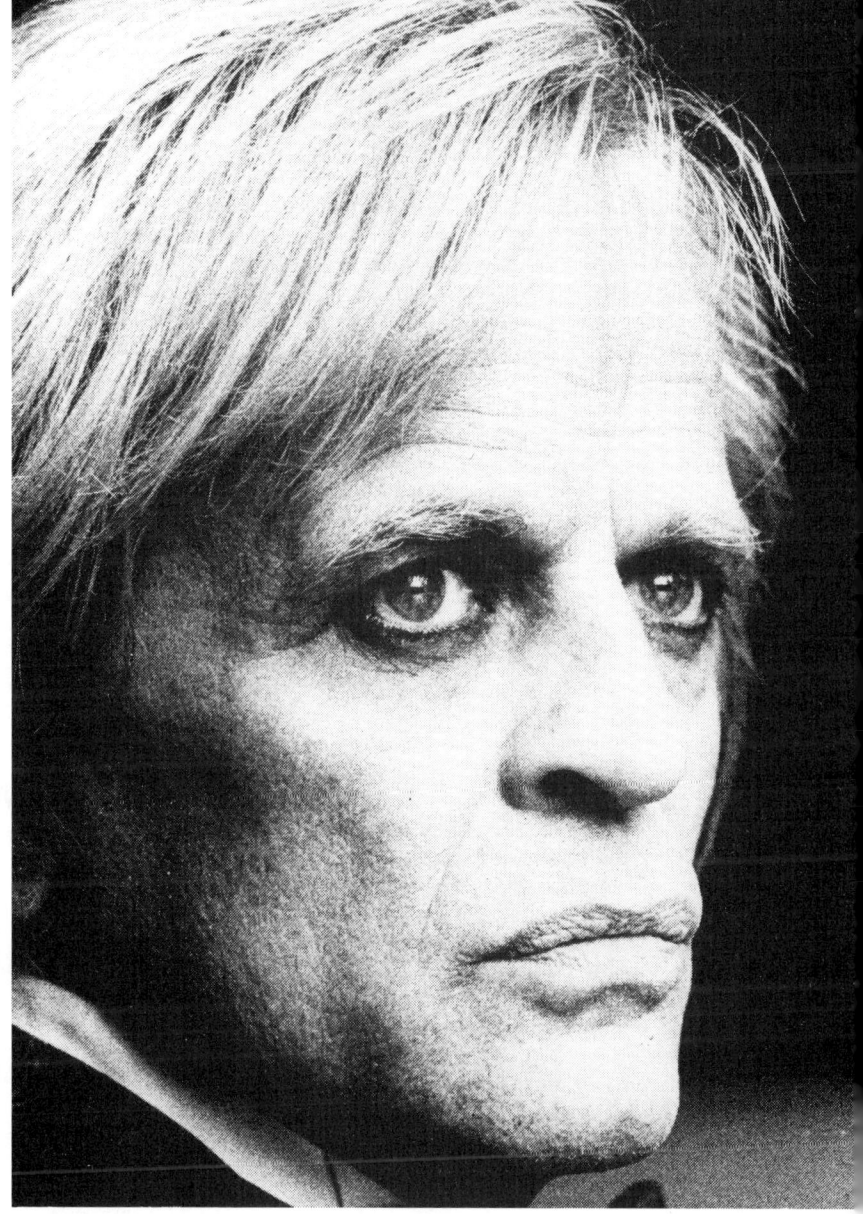

Wie schon gesagt, wenn es um Kinski geht, dürfen Aussagen, Begriffe, ja sogar Gesinnungen in Frage gestellt werden.

Kinski weist es von sich, daß man ihn als »Künstler« einstuft. Er sei nur der Katalysator jener Kraft, die er stets anderen Menschen habe mitteilen wollen. Für ihn sind nur Menschen wie Nijinski, Anna Magnani oder die Duse zu diesem »Wunder« befähigt, allerdings jeder auf seine Weise.

Aus all dem wird ersichtlich, daß ein Buch über Klaus Kinski nichts gemein hat mit einer »objektiven« Untersuchung über die Karriere eines Hollywood-Stars. Der »Fall Kinski« ist einzigartig in der gesamten Filmgeschichte, denn obwohl von über hundert Filmen die guten an den Fingern einer Hand abgezählt werden können, wird Kinski dennoch als einer der bedeutendsten Schauspieler der Gegenwart angesehen.

Hitzköpfig, etwa so leicht zu handhaben wie Sprengstoff, großzügig, verträumt, hart gesotten, undurchdringlich, gehässig, zärtlich, brutal, humorvoll – der Mensch Kinski ist ebenso faszinierend wie der Schauspieler.

In diesem Buch soll der Versuch unternommen werden, ein Bild des Schauspielers Kinski zu entwerfen, indirekt also auch des Menschen. Es geht um einen Schauspieler, der es verabscheut, von seinem Beruf zu sprechen, von seinen Filmen oder von Menschen, mit denen er gemeinsam eine Strecke Weges gegangen ist. Ob man ihm das zum Vorwurf machen kann? So mancher unbekannte Filmtitel oder die Filme selbst, die teilweise für alle Zeiten in Vergessenheit geraten sind, beschwören die Erinnerung an einen russischen Kriegsgefangenen herauf, der seine Verzweiflung herausschreit, oder an einen Mönch, verblendet und zugleich rein wie ein Kind, an einen Kopfgeldjäger, grausam wie ein Racheengel, an einen von Ruhmsucht zerfressenen Konquistador oder an einen einzelgängerischen, stets bedrohten Vampir. In all diesen Rollen hat Kinski als Schauspieler den schlagenden Beweis für seine geradezu abnorme »Gabe« geliefert, und dazu reichte manchmal schon eine kurze Bildsequenz aus.

Mit dieser faszinierenden Persönlichkeit, mit diesem einzigartigen Menschen befaßt sich das vorliegende Werk, doch wird darin nicht versucht, eine Antwort zu geben oder ein Urteil zu fällen.

P. Setbon

KAPITEL 1

Die Vergangenheit

Eines der Dinge, vor denen Kinski den größten Horror empfindet, ist seine eigene Vergangenheit. Er hat einen Schlußstrich darunter gezogen und empfindet sie in der Erinnerung als eine Art Gefangenschaft...

Nikolaus Nakszynski wurde am 18. Oktober 1926 in Zoppot/ Polen geboren. Als jüngstes von vier Kindern eines unbedeutenden Opernsängers lernt er, der künftige Klaus Kinski, von klein auf die Nöte und Entbehrungen des Elends kennen.

Der kleine Nikolaus muß sich selbst durch Ladendiebstähle am Leben erhalten und lernen, dabei nicht von der Obrigkeit erwischt zu werden. Er ist ein so flinker Läufer, daß ihn niemals ein anderer Mensch eingeholt hat.

»Ich wurde wie ein wildes Tier im Zoo oder in einer Höhle geboren. Und wie ein Tier Krallen hat, so kam ich mit diesem Talent zur Welt.« (Ecran, 1976)

Das Elend, die Entbehrungen und die Angst prägen nachhaltig den hypersensiblen Charakter des Knaben. 1944 wird Nikolaus zur Deutschen Wehrmacht einberufen. Schon wenig später wird er verwundet und von den Engländern gefangengenommen. Um seine Mitgefangenen im Lager zu unterhalten, betritt er zum ersten Mal in seinem Leben eine aus Brettern gezimmerte Bühne und spielt alle möglichen Rollen, männliche wie auch weibliche. Doch damals konnte von einer »Berufung« noch nicht die Rede sein. Kinski hat sich stets geweigert, sein eigenes Leben für die Fan-Clubs zurechtzufrisieren. Damals machte er als Amateur Theater, um zu vergessen, wo er sich befand. Er tat also das, was so viele Menschen in jener Zeit taten.

Immerhin begibt er sich nach seiner Freilassung bei Beendigung des Krieges auf die Suche nach Theaterrollen. 1946 bekommt er endlich seinen ersten Vertrag. Nun beginnt eine lange, mühselige Zeit des Lernens. Noch gänzlich unbekannt geht er auf Tourneen, erlebt die Enttäuschung gebrochener Verträge ... Er spielt buchstäblich alles, sogar Transvestitenrollen wie im *Faust* oder in *Egmont*.

Langsam erklimmt er Sprosse um Sprosse die Stufenleiter des Erfolges und zeigt der Umwelt seine »Gabe«. Damals schon ist es unmöglich, die Aura des Darstellers Kinski zu definieren. Worte wie »Talent« oder sogar »Genie« erweisen sich als zu begrenzt. Kinski hat eine besondere Gabe: Er wird buchstäblich die Person, die er darzustellen hat. Er verkörpert sie im wahrsten Sinn des Wortes, das heißt, er verleiht der darzustellenden Person eine körperliche Erscheinung.

In dem Stück *Die Schreibmaschine* von Jean Cocteau, in dem er gleich zwei Rollen spielt, erhält Kinski zum ersten Mal Gelegenheit, diese Gabe auf überwältigende Weise unter Beweis zu stellen. Er spielt zwei Brüder, einen betuchten Bourgeois und einen geisteskranken Epileptiker. Die meisterliche Darstellung der zweiten Rolle versetzt das Theaterpublikum sichtlich in Unruhe. Einige Zeit danach spielt Kinski den Oswald in *Gespenster* von Henrik Ibsen.

Die packende, alles mit sich fortreißende Darstellungskunst des jungen Schauspielers erschüttert die Zuschauer. Nach *Maß für Maß* von William Shakespeare, wo er den Claudio spielt, feiert Kinski wahre Triumphe in einem neuen Stück von Jean Cocteau: *La voix humaine*. Es ist ein Ein-Personen-Stück, und Kinski spielt darin eine junge, vor Einsamkeit halb wahnsinnige Frau, die pausenlos am Telefon hängt.

Der kühne Entschluß, diese Rolle von einem Mann spielen zu lassen, entfacht einen wahrhaften Skandal. Dabei hatte Kinski selbst keineswegs eine Provokation im Sinn. Er ist schon ganz er selbst. Warum sollte er also nicht eine Frau darstellen? Oder einen Hund? Oder sogar einen Baum?

Kinski nahm das zu jener Zeit enorme Risiko auf sich, ein sexuelles Tabu zu durchbrechen. Gerade diese Tatsache gestattet es ihm heutzutage, voll und ganz zu seiner eigenen Vergangenheit zu stehen. Der Kinski von einst und jetzt sind ein und derselbe Mensch. Und dieser Mensch hat sich nicht gewandelt, er hat sich entwickelt. Stets hat er an das geglaubt, was er gerade machte, auch an die verrücktesten und gewagtesten Dinge.

Als er *La voix humaine* spielte, ließ ihn sein bemerkenswerter Instinkt als Schauspieler nicht im Stich. Das gesamte Theatermilieu in Deutschland feierte ihn für diese Leistung.

»Sein Gesicht ist das eines Kindes, doch sein Blick ist zugleich voller Reife, er ändert sich von einem Moment zum anderen.

Minhoi, Klaus und Nanhoi Kinski.

Nie zuvor bin ich einem solchen Gesicht begegnet«, sagt Jean Cocteau, der überglückliche Autor des Theaterstückes wenig später über Kinski.

In diese Zeit fällt auch ein kurzer Aufenthalt des jungen Schauspielers in Wittenau, der psychiatrischen Klinik von Berlin. Die Beweggründe dafür liegen bis auf den heutigen Tag im dunkeln. Von dieser kurzen Zeitspanne in seinem Leben wird Kinski tief gezeichnet. Wie in einer kurzen Rückblende taucht eine Szene in Wittenau auf, die bildliche Darstellung des Zynis-

15

Aus dem Familienalbum: Links Klaus Kinski mit seiner Tochter Nastassja (1963), rechts Nastassja Kinski und ihre Mutter heute.

mus und der Heuchelei jenes Psychiaters, der zu ihm ins Zimmer tritt und mit salbungsvoller Stimme säuselt:

»Welche Ehre für unser Haus, ein solches Talent aufnehmen zu dürfen!« Weiter kommt der Mann jedoch nicht, weil ihm ein Aschenbecher an den Kopf fliegt.

»Ich glaube, daß alles, was ich als Kind erlebt habe, damals in der geschlossenen Abteilung auf den Gipfel getrieben wurde. In der Anstalt sagte ich mir: Entweder haust du hier ab oder du verreckst. Dort habe ich begriffen, daß es gut tut zu leiden.« (Ecran, 1976)

Nach der schrecklichen Zeit in Wittenau findet Kinski endlich zum normalen Leben zurück. Er macht sich wieder auf die Jagd nach einer Rolle. Im Jahr 1948 gibt man ihm eine Nebenrolle in *Morituri*, einem Film von Eugen York. Er sollte der erste einer langen Serie sein.

Dieser Beginn beim Film ist für Kinski jedoch eine Enttäuschung. Danach legt man ihm wochenlang ein Drehbuch nach dem anderen vor, aber er schlägt alle Angebote aus. Insgesamt weist er an die vierzig Rollen zurück. Angewidert verläßt Kinski Deutschland und begibt sich auf Reisen. In Paris übernachtet er unter Brücken und wärmt sich mit Clochards am offenen Feuer. Zufällige Frauenbekanntschaften sorgen dafür, daß er etwas zu essen hat. Später fährt er nach Marseille, doch da er nicht das Geld hat, um das Boot seiner Träume zu kaufen, kehrt Kinski 1951 nach Deutschland zurück.

Dort erfährt er, daß der berühmte Regisseur Anatole Litvak einen jungen deutschen Darsteller für eine der Hauptrollen in *Entscheidung im Morgengrauen* sucht (1951), US-amerikanischer Titel: *Decision Before Dawn* (A.d.R.). Es handelt sich um einen teuren Kriegsfilm, in dem vor allem amerikanische Stars spielen. Als Kinski sich vorstellt, ist es schon zu spät: Die Rolle ist bereits an Oskar Werner, einem jungen Debütanten aus Kinskis Generation, vergeben worden. Kinski selbst muß sich mit einem kurzen Auftritt in dem Film zufrieden geben. Er spielt einen jungen Soldaten, der in Gefangenschaft gerät und unter Tränen seine Unschuld beteuert.

Bis 1955 macht Kinski nur noch Theater unter Regisseuren

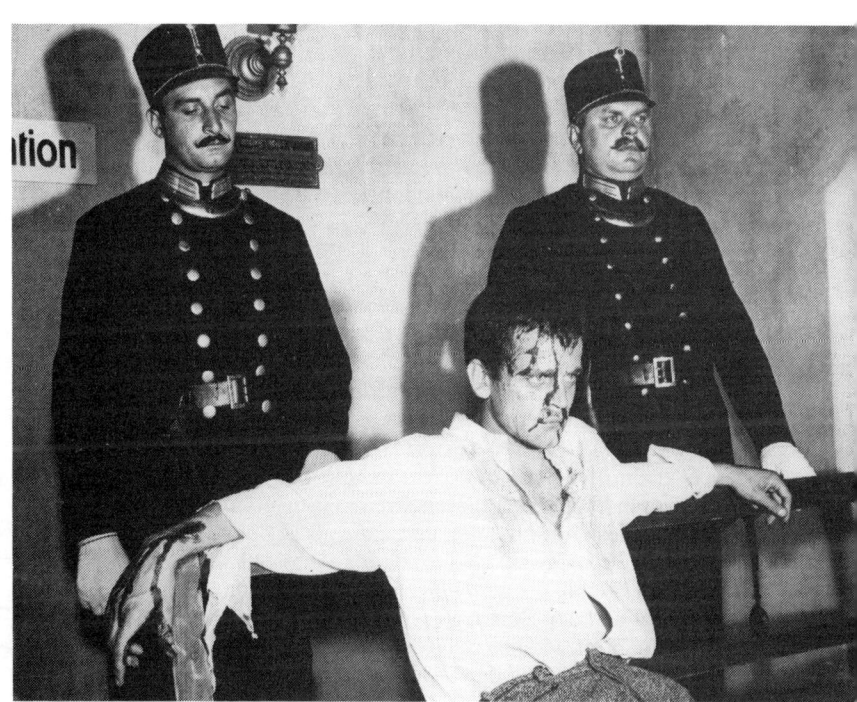

Klaus Kinski als Attentäter Cabrinovic in Fritz Kortners Film ›Um Thron und Liebe/Sarajewo‹ (1955).

wie Fritz Kortner, der ihm eine der Hauptrollen in seinem Film *Um Thron und Liebe* (1955), weiterer Titel: *Sarajevo,* anbietet.

Dieser Film, eine ehrgeizige historische Rekonstruktion des berühmt-berüchtigten Attentates, welches den Ersten Weltkrieg auslöste, gibt Klaus Kinski erstmals Gelegenheit, in einem Film Aufsehen zu erregen. Er spielt den Attentäter, also den Mann, der die todbringende Bombe schleudert. Dank seiner Darstellungskunst vermeidet Kinski dabei jede Stereotype und wirkt in der Rolle so markant, daß die deutschen Produzenten interessiert ihr Augenmerk auf ihn richten. Seine nächste Rolle sollte Kinski in einem weiteren Film mit einem historischen Thema finden. Es handelte sich um einen Streifen von Helmut Käutner mit dem Titel: *Ludwig II. – Glanz und Ende eines Königs* (1954). In seiner Rolle als Ludwig, der »wahnsinnige« König, kann O.W. Fischer, damals der größte deutsche Filmstar, mit seiner akademischen und ausdrucksschwachen Darstellungsweise der schönen schauspielerischen Leistung von Klaus Kinski kaum etwas entgegensetzen. Obwohl dessen Rolle eher kurz ist, rettet er den Streifen letztlich vor absoluter Belanglosigkeit. Kinski spielt Otto, einen jungen, sensiblen und sanftmütigen Prinzen, dem ein Erlebnis an vorderster Kriegsfront den Verstand geraubt hat. Die Szene, wo Otto sich in einem Anfall von hysterischem Wahnsinn Ludwig in die Arme wirft und lauthals zu singen anfängt, ist nach wie vor die schönste – und einzigste – Bilderfolge dieses ansonsten mittelmäßigen und zähflüssigen Filmes. *Ludwig II.* wurde in Deutschland dennoch ein großer Erfolg und trug in nachhaltiger Weise dazu bei, die Karriere des jungen Schauspielers Kinski zu beschleunigen.

Von Kinski rundum begeistert (*»Ich brauche deine Augen!«,* sagt er zu ihm), bietet ihm O.W. Fischer einen Part in *Hanussen* (1955) an. Fischer macht diesen Streifen in eigener Regie. Es ist ein ambitiöses Unternehmen und kann als geglückt bezeichnet werden. In *Hanussen* spielt Kinski eine wichtige Rolle. Er stellt den besten Freund des Astrologen dar, der sich am Ende gegen ihn wendet und den Befehl zu seiner Hinrichtung gibt.

In dieser Zeit widmet sich Kinski gleichermaßen dem Film und dem Theater. Auf der Bühne erweckt er Villon und Rimbaud zu neuem Leben. 1954 dreht er noch einen weiteren Kriegsfilm unter der Leitung von Laslo Benedek, der sich durch *The Wild One* (Der Wilde), 1953; mit Marlon Brando, Mary

In Helmut Käutners Film ›Ludwig II./Ludwig II. – Glanz und Ende eines Königs‹ (1954), Kinskis fünftem, stellte der Schauspieler den Prinzen Otto dar (rechts mit O. W. Fischer). Ebenfalls dabei: Marianne Koch (links).

Murphy, Robert Keith und Lee Marvin (A.d.R.), unsterblich machte. Der Film hieß *Kinder, Mütter und ein General.*

Hier war nun Kinski eine Rolle tatsächlich auf den Leib ge-

19

Sie ahnen furchtbare Folgen für den Hellseher Hanussen (gespielt von O. W. Fischer), der nach seinem Besuch bei Hitler wie in Trance unheilvolle Visionen mitten in eine festliche Gesellschaft hineinschleudert. Entsetzt und betreten weichen die Gäste zurück – sein Manager und Assistent Mirko (Klaus Kinski, (rechts) aber sieht seinen nahen Triumph über die verhaßte Überlegenheit Hanussens. Liselotte Pulver (links) ist Hanussens Freundin, die Journalistin Hilde Graff. Eine Szene aus ›Hanussen‹ (1955), Klaus Kinskis 7. Film.

schneidert. Sie ist ihm in dankbarer Erinnerung geblieben. Er spielt einen Menschen mit zwei Gesichtern, einen SS-Offizier, der gnadenlos Gefangene hinrichten läßt, im Schlaf jedoch sein wahres Ich wiederfindet, nämlich das eines blonden, unschuldigen Kindes, das der Krieg zu einem Ungeheuer gemacht hat.

Kinski ist von großen deutschen Schauspielern umgeben wie Hans Christian Blech, Therese Giehse und einem jungen Anfänger namens Maximilian Schell, aber er spielt sie buchstäblich an die Wand.

Das Jahr 1956 beginnt mit *Waldwinter* von Wolfgang Liebeneiner nach dem Roman von Paul Keller. An siebenter Stelle auf der Liste der Darsteller spielt Kinski darin die Rolle des Otto Hartwig.

Der zweite (und letzte) Film jenes Jahres wird *Geliebte Corinna* (1956) von Eduard von Borsody, ein gräßliches Melodram nach Schema F, das eher einem Fotoroman als einem Film ähnelt. Es geht darin um die stupide Liebschaft zwischen einer schönen Krankenschwester und einem verheirateten Mann. Kinski steht auf der Darstellerliste an dritter Stelle und spielt einen gewissen Klaus Borckmann, einen jungen, labilen, wahnsinnig in die Titelheldin Corinna verliebten Schauspieler, der sich nach einer versuchten Vergewaltigung der Geliebten umbringt.

1957 erhält Kinski eine kleine Rolle in einem amerikanischen Film, der in Deutschland gedreht wird. Federführend ist die deutsch-amerikanische Kinogröße Douglas Sirk. *A Time To Love and a Time To Die* (dt. Titel: Zeit zu leben und Zeit zu

Klaus Kinski in seinem 4. Film: ›Kinder, Mütter und ein General‹ (1954). Links Maximilian Schell.

sterben (A.d.R.), heißt der Film. An der Seite des wenig überzeugenden John Gavin spielt Kinski in einer einzigen Sequenz einen deutschen Offizier, der sich bemüht, die Asche von Opfern der Konzentrationslager den betroffenen Familien zuzustellen.

Während der beiden darauffolgenden Jahre widmet sich Kinski ausschließlich dem Theater. Erst 1960 kehrt er zum Film zurück, um *Der Rächer* unter der Regie von Karl Anton zu drehen.

Diesen kleinen Kriminalfilm könnte man getrost vergessen, wäre er nicht der erste einer langen Serie von Thrillern nach Romanvorlagen von Edgar Wallace gewesen. Jener fruchtbare viktorianische Schriftsteller schrieb eine eindrucksvolle Zahl populärer Bücher, die mit wechselhaftem Erfolg eine Mischung zwischen Gaston Leroux und Jean Ray darstellten. Auf den Zeitgeschmack zugeschnitten, brachten die Verfilmungen Anfang der sechziger Jahre einem gewissen deutschen Produzenten, gemeint ist Horst Wendlandt (A.d.R.), ein Vermögen ein.

Klaus Kinski sicherte sich bei diesen eher belanglosen Verfilmungen sehr rasch die Schlüsselposition. Er spielte Gauner und Killer, jedenfalls immer den »Bösen«. »Der deutsche Film ist derartig stumpfsinnig, daß diese Leute überhaupt nicht auf die Idee kamen, mich anders einzusetzen. Deshalb habe ich alle möglichen Rollen gespielt.« (*Images et Son,* 1976)

»Alle möglichen Rollen« ist wahrhaftig der richtige Ausdruck. In der Folgezeit war Kinski in *Bankraub in der Rue Latour* (1961) unter der Regie des Schauspielers Curd Jürgens, später in *Die toten Augen von London* (1961) von Alfred Vohrer zu sehen. In diesem neuen Film aus der Edgar-Wallace-Serie spielte er einen Gangster, dessen Augen vollständig hinter schwarzen Brillen verborgen blieben.

Trotz der Belanglosigkeit dieser Thriller ist das deutsche Publikum geradezu wild nach solchen Edgar-Wallace-Verschnitten. Vor allem fangen die Leute an, sich den Namen Klaus Kinski zu merken.

1961 schließlich widmet die berühmte Wochenzeitung *Der Spiegel* der Sensation des Augenblicks namens Klaus Kinski das Titelblatt und vierzehn Textseiten. Kinski ist ein Phänomen, das nicht mehr zu übersehen ist. Als Schauspieler fasziniert und beunruhigt er die Leute.

Klaus Kinski und Elisabeth Müller in ›Geliebte Corinna‹, 1956 von Eduard von Borsody inszeniert.

Peter van Eyck und Klaus Kinski (als Joe Rank) in dem Paul-May-Film
›Scotland Yard jagt Dr. Mabuse‹ (1963), nach einer literarischen Vorlage
von Bryan Edgar Wallace entstanden.

In George Seatons Film *The Counterfait Traitor* (1960), dt.
Titel: Verrat auf Befehl (A.d.R.), tritt er in einer einzigen län-
geren Szene auf, doch ähnlich wie in *Ludwig II.* (1954) reicht
das aus, um den Streifen vor der totalen nichtssagenden Öde zu
retten. Der Star in diesem schwerfälligen amerikanisch-deut-
schen Spionagestück ist William Holden.

Kinski spielt darin einen gewissen Kindler, einen jungen
Flüchtling, der mit William Holdens Hilfe trotz seiner Verwun-
dungen zu fliehen versucht. Heimlich begibt er sich an Bord
eines Schiffes, welches wenig später von der Polizei durchsucht
wird. Kinski verkriecht sich in seinem Versteck und stopft sich
ein Taschentuch in den Mund, um sich nicht durch seine Hu-
stenanfälle zu verraten. Als die Polizisten schließlich fort sind,
findet William Holden nur noch Kinskis Leiche vor. Er ist an
dem Taschentuch erstickt.

Diese Szene – die einzige, die von dem ganzen Film im Gedächtnis haften bleibt – hat ausgereicht, um Kinski auf unver-
geßliche Weise mit einer tragischen Aura zu umgeben. Sie erfüllte den ansonsten tödlich langweiligen Film mit ein wenig
Leben.

In den Jahren 1962 und 1963 war Klaus Kinski fast ausschließlich durch die Edgar-Wallace-Verfilmungen in Anspruch genommen. Nach wie vor sorgte er in diesen Streifen für Furore. Er drehte davon nicht weniger als siebzehn! Das entzückte Publikum sah ihn darin meist als Killer, Beträger oder Gauner.

Kinski will diese Epoche in seinem Leben nicht missen. Er tat damals so, als sähe er die ihn umgebende Mittelmäßigkeit nicht und erfüllte die von ihm dargestellten Personen mit oftmals tragischer Lebendigkeit und ließ sie nie zu Stereotypen verkommen. Kinski allein war schon ein Film für sich, und auch heutzutage ist er noch immer die einzige Attraktion jener so mittelmäßigen und abgedroschenen Streifen geblieben.

Es wäre absurd, aus der schier endlosen Liste der Titel jener Filme einem einzigen den Vorrang zu geben. Nennen wir im-

Klaus Kinski zu Beginn der sechziger Jahre.

25

*Klaus Kinski 1962 mit Brigitte Grothum in dem Film ›Der rote Rausch‹ –
der Geschichte eines schizophrenen Mörders (Kinski), der von seinen Taten nichts weiß und der Heilanstalt entflieht, weil er sich unschuldig fühlt.
Regie: Wolfgang Schleif.*
*Rechts: Klaus Kinski 1963 in dem Alfred-Vohrer-Film ›Der Zinker‹, der,
von Horst Wendlandt produziert, nach einem Roman von Edgar Wallace
entstand.*

merhin einen Film wie *Der rote Rausch* (1962), in dem Kinski
einen Frauenkiller spielte, der manisch auf Halsketten aus roten
Korallen versessen war. Auch wäre noch *Der Zinker* (1963) zu
nennen, in dem Kinski eine schöne Darstellung eines Tierwär-
ters mit dem Namen Krischna in einem Zirkus lieferte.

Alle diese Filme ähneln sich, sie wiederholen bis zum Erbre-
chen ein Erfolgsrezept: Nebelschwaden, Killer, Gauner und
Detektive. Wirklich, es sind samt und sonders unbedeutende
Streifen schlechtester Machart, die innerhalb weniger Wochen
abgedreht wurden.

Helmut Wildt und Klaus Kinski (als Whity) in dem Kriminalfilm ›Piccadilly Null Uhr zwölf‹ (1963), von Rudolf Zehetgruber nach Francis Durbridge inszeniert.

»Eines Tages hatte ich keine Lust mehr, so etwas zu machen. Da bin ich einfach abgehauen und nach Italien geflüchtet.« (*Images et Son,* 1976)

Die deutsche Schaffensepoche von Klaus Kinski geht mit einem Film zu Ende, der den Titel hatte: *Die Tür mit den sieben Schlössern* (1962).

Und die Bilanz jener Jahre? Man könnte meinen, sie sei null und nichtig, doch das wäre weit gefehlt. Gewiß, Kinski ist noch kein Star, aber er hat es geschafft, in mittelmäßigen Filmen eine derartig herausragende Rolle zu spielen, daß die Leute nur seinetwegen ins Kino gehen. Die Faszination dieses Menschen war von Anfang an zu spüren.

Schon damals ist es unmöglich, Kinski einer Kategorie zuzuordnen. Seine »Bösewichte« erwecken Sympathie, seine »Guten« wirken beunruhigend. Dieser Schauspieler spielt auch die unbedeutendste Rolle gleichsam mit dem »Bauch«. Er macht es den Kritikern schwer und reißt die Zuschauer mit sich fort. Außerdem ist er im Verlauf der Jahre ein Profi ohne Fehl und Tadel geworden, der alle Register zu ziehen versteht.

Heutzutage scheint es schwer zu behaupten, Kinski hätte einen Fehler gemacht, all jene schlechten Filme zu drehen. Oskar Werner oder Maximilian Schell waren schon vor ihm berühmt, aber was ist aus ihnen fünfzehn Jahre danach geworden? Wer ist denn nach so vielen Jahren des Herumirrens schon zu Lebzeiten ein Mythos geworden?

Wie dem auch sei – seine Abreise nach Rom sollte für Kinski zu einem wichtigen Wendepunkt werden. Wir schreiben das Jahr 1964.

KAPITEL 2

Italien

Wenn es stimmt, daß sich Klaus Kinski gleich nach seiner Ankunft in die Stadt Rom verliebte, so ist es ebenso wahr, daß auch die italienische Filmwelt sofort einen Narren an ihm fraß.

Der erste Vertrag, den der Schauspieler in Italien unterzeichnete, brachte ihm eine kleine Rolle in *Spione unter sich/Guerre secrète/La guerra segreta* (1965) ein. Der Spionagefilm in Episoden wurde unter der gemeinsamen Regie von Terence Young, Christian-Jaque und Carlo Lizzani gedreht, auch der deutsche Regisseur Werner Klingler inszenierte (A.d.R.). Jeder Star in diesem reichlich ungereimten Streifen hat immerhin seinen kleinen Auftritt, von Henry Fonda über Bourvil bis zu Vittorio Gassmann. Nur Kinski gibt man gerade eben Zeit, hinter einem Fenster zu erscheinen und ein Gewehr mit Zielfernrohr in Anschlag zu bringen, um Tod und Verderben zu verbreiten. Vorher wurde unter Mario Camerini gedreht: *Kali-Yug – Déesse de la vengeance/Kali-Yug – La dea della vendetta/Kali-Yug – Die Göttin der Rache* (1963).

Dieser unbedeutende, in Indien spielende Abenteuerfilm war trotz seiner schwelgerischen Ausstattung von schwer zu ertragender Dürftigkeit. Neben der schönen Wienerin Senta Berger und dem inzwischen verstorbenen Tarzan-Darsteller Lex Barker erscheint Kinski in einigen Szenen in der Rolle des Saddhu, eines furchteinflößenden Priesters des Kali-Yug-Kultes. Im Zusammenhang mit diesem Film erinnert sich Kinski nach eigener Aussage lediglich daran, daß sein Gesicht schokoladenbraun geschminkt war, und daß er einen langen Bart angeklebt bekam, der dem Weihnachtsmann zu Ehren gereicht hätte.

»Wenn ein echter Inder das zu sehen bekommen hätte, würde er wohl nur mitleidig den Kopf geschüttelt haben«, schreibt er ein seinem Buch »Ich bin so wild nach deinem Erdbeermund«. *Aufruhr in Indien/Il misterio del tempio indiano/Kali-Yug II – Le mystère du temple hindou* (1963), die Fortsetzung des obengenannten Filmes, war genauso lachhaft, doch immerhin erhielt Kinski in diesem Streifen eine Rolle von größerer Bedeutung.

Er spielt wieder den besagten Priester Saddhu. Aber diesmal kommt er besser zur Geltung, vor allem, wenn er in einigen Großaufnahmen und Naheinstellungen innerlich beherrscht und zugleich eindringlich auf die Schar seiner gläubigen Anhänger einredet.

Danach geht es nach Jugoslawien, wo Kinski unter dem deutschen Regisseur Harald Reinl an der internationalen Gemeinschaftsproduktion *Der Schatz der blauen Berge – Winnetou II* (1964) mitwirkt.

Klaus Kinski als Luke in ›Winnetou II/Vinetu II/Der Schatz der blauen Berge‹ (1964), einem Film von Harald Reinl nach einem Roman von Karl May.

Der Bretone Pierre Brice spielt in diesem Streifen Winnetou, den edlen Indianerhäuptling, während Kinski in einer eher zweitrangigen Rolle einen gewissen David Lucas, genannt Luke, verkörpert. Es ist das erste Mal, daß er in einem Western einen »Bösen« spielt. Gekleidet wie ein Kosake, der geschickt mit dem Colt umzugehen versteht und nicht lange herumfakkelt, wirkt Kinski in den Wildwestfilmen von Anfang an wie ein alter Hase. Überigens ist an seiner Seite manchmal ein Anfänger namens Mario Girotti zu sehen, der in der Folgezeit als Terence Hill von sich reden machen sollte.

Fast erübrigt es sich zu sagen, daß der Streifen fast schon komisch wirkt, so schlecht ist er.

Der nächste Film, in dem Kinski zu sehen war, ist ein deutscher Western mit dem Titel *Der letzte Ritt nach Santa Cruz* (1963) unter Regie von Rolf Olsen. Darin spielt Kinski die anderen Schauspieler, die kaum diese Bezeichnung verdienen, buchstäblich an die Wand. Er verkörpert einen seltsam gekleideten indianischen Killer namens José, der um die Stirn eine Kette aus lauter Münzen trägt. In den Action-Szenen leistet Kinski Beachtliches, doch gelingt es ihm nicht, diesen von vornherein zum Scheitern verurteilten Pseudo-Western zu retten.

Einen Aufenthalt in England nutzt Kinski dazu, um an zwei bedeutungslosen Horrorfilmen mitzuwirken: *The Pleasure Girls* (1965) von Gerry O'Hara, dt. Titel: Die Goldpuppen/Sex in falschen Händen und *Traitors Gate* (1964) von Freddie Francis, dt. Titel: Das Verrätertor (nach Edgar Wallace).

Es folgt in Spanien unter der Regie von Antonio Isasi Isasmendi der Streifen *Operaciòn Istambul/Operation Estambul/ L'Homme d'Istamboul* (1965), dt. Titel: Unser Mann aus Istanbul (A.d.R.). Der Film ist ein bläßlicher Abklatsch der James-Bond-Serie, die damals Furore machte. In der Rolle des Bösewichtes stahl Kinski darin seinen Schauspielerkollegen die Schau.

In der Rolle eines Kopfgeldjägers demütigt Lee van Cleef Kinski, der einen buckligen Krüppel darstellt, indem er auf seinem Buckel ein Streichholz anreißt. Als sich die beiden später erneut gegenüberstehen, sagt der Kopfgeldjäger alias Lee van Cleef äußerlich gelassen:

»Die Welt ist wirklich klein...«

»Ja, und sehr böse!« antwortet Kinski.

1965: Klaus Kinski in Gerry O'Haras Film ›The Pleasure Girls‹ (Die Goldpuppen/Sex in falschen Händen), in Großbritannien entstanden.

Diese Szene stammt aus Sergio Leones Film *Per qualche dollari in piu/Für ein paar Dollar mehr* (1965), mit dem sich Kinski endgültig in Italien einen Namen macht.

Leone, der mit seinem ersten Italo-Western einen unerwarteten Triumph gefeiert hatte, knüpft an diesen Erfolg an, indem er die beiden Hauptdarsteller Clint Eastwood und Gian Maria Volonté beibehält, zusätzlich jedoch Lee van Cleef und Klaus Kinski unter Vertrag nimmt.

In einer Rolle, die im Vergleich zu den Hauptdarstellern eher zweitrangig ist, vollbringt Kinski das Kunststück, sich unvergeßlich zu machen. »Wild« – so heißt der Bucklige mit der blonden Mähne und den klaren Augen, der unaufhörlich von einem ner-

33

vösen Zucken geplagt wird – wird von ihm so meisterhaft dargestellt, daß er zweifellos in maßgeblicher Weise zum Erfolg des
Filmes beigetragen hat.

Als Regisseur bleibt Leone in diesem Film seinen Grundsät-
zen treu und dreht einen Streifen, der zwar barock und irgendwie künstlich wirkt, sich andererseits jedoch durch eine großar-
tige Plastizität auszeichnet. Wie niemand sonst versteht er es, alles aus den »Visagen« seiner Darsteller herauszuholen.

Kinski hebt sich durch sein Aussehen in eindrucksvoller Weise von seinen amerikanischen und italienischen Kollegen ab und
kann einen schönen persönlichen Erfolg für sich verbuchen.

Vor *Doktor Schiwago*, brit. Titel: *Doctor Zhivago,* einem
weiteren bedeutsamen Schritt nach vorn in der Karriere von
Klaus Kinski, wirkt er noch bei einigen zweitklassigen Filmen
mit, die man in verschiedenen europäischen Ländern gar nicht
zu Gesicht bekam. Es handelt sich um Produktionen wie *Our
Man in Marrakesh* von Don Sharp (1966), dt. Titel: Marrakesch, oder *Circus of Terror/Circus of Fear* von Werner Jacobs
und John Moxey (1966), dt. Titel: Das Rätsel des silbernen
Dreiecks.

Nach Sergio Leone tritt nun also eine weitere Größe aus der
Welt des Films an Kinski heran, nämlich David Lean, der Boris
Pasternaks Roman *Doktor Schiwago* in einer Superproduktion
verfilmen will.

Anfänglich spielte er mit dem Gedanken, Kinski die tragende
Rolle des Revolutionärs Pascha zu geben, doch am Ende wurde
Tom Courtenay damit bedacht. Kinski muß sich mit einer kür-
zeren Nebenrolle zufrieden geben, die dennoch ohne Zweifel zu
den interessantesten des Filmes gehört.

Er verkörpert einen Gefangenen namens Kostojed-Amurski,
der nur in einer einzigen Bildfolge zu sehen ist. An seine Koje
gefesselt, überschüttet er in demselben Zug, in dem sich auch
Doktor Schiwago und dessen Familie befinden, seine Reisege-
fährten mit Schmähungen und Schimpfworten. Mit einer verzweifelten Inbrunst, die zu Herzen geht, behauptet er, von ihnen allen der einzige freie Mensch zu sein.

David Lean hat es verstanden, alles aus dieser Filmsequenz zu
machen, in dem er Kinskis fiebrige, gequälte Gesichtszüge in
eindrucksvollen Großaufnahmen zeigt. Wieder einmal spielt
Kinski keine »kleine« Rolle, sondern er ist sozusagen der Star

›Our Man in Marrakesh/Opération Marrakesch/Bang, Bang, You're Dead!‹ (Marrakesch, 1966). In den Hauptrollen: Tony Randall, Klaus Kinski und Senta Berger.

eines Films im Film. Die Szene in dem Eisenbahnabteil ist ihm auf den Leib geschneidert. Nachdem er schon in Sergio Leones Film einen großen Erfolg verzeichnen konnte, trägt nun auch *Doktor Schiwago* dazu bei, Kinskis Gesicht bei den Kinobesuchern endgültig bekannt zu machen.

Es folgt der Film *Neues vom Hexer* von Alfred Vohrer (1965). Dann spielt Kinski eine Rolle an der Seite von Martine Carol in dem Streifen *L'enfer est vide*, aber er gibt auf, bevor die Dreharbeiten abgeschlossen sind. In einem Italo-Western mit dem Titel *Quién sabe?* von Damiano Damiani (1966), dt. Titel: Töte Amigo, übernimmt er eine Rolle. Es handelt sich um einen politischen Film, der nur äußerlich ein Italo-Western ist. Ein großartiges Drehbuch und die schauspielerischen Leistungen von Klaus Kinski und Gian Maria Volonté sorgen dafür, daß dieser Film spannend und unterhaltsam ist, wenngleich er kein Meisterwerk genannt werden kann. Kinski spielt darin eine überragende Rolle. Mit einem mexikanischen Poncho und einem Stirnband bekleidet spielt er El Santo, den Bruder eines Banditen, den Volonté darstellt. El Santo ist ein Mönch, »rein wie ein Kind«, ein Idealist, der leicht in mystische Verzückung gerät, und Kinski ist einfach grandios in der Rolle.

Als Schauspieler hat es Kinski verstanden, das gespaltene Wesen dieser eindrucksvollen Gestalt in trefflicher Weise darzustellen. Die Rolle ist bis auf den heutigen Tag eine seiner faszinierendsten Leistungen geblieben. Denn gerade bei der Verkörperung maßloser und dennoch menschlicher Gestalten kann Kinski sein schauspielerisches Genie am besten unter Beweis stellen. Es ist bedauerlich, daß dies viel zu spät begriffen worden ist.

Zurück in Deutschland dreht Kinski 1967 unter der Regie von Alfred Vohrer *Die blaue Hand*. Er ist also wieder bei den Filmfassungen der Edgar-Wallace-Romane angelangt, die ihm soviel Erfolg eingebracht hatten. In *Die blaue Hand* spielt Kinski eine Doppelrolle, denn er verkörpert gleichzeitig David und Richard Emerson, zwei Zwillingsbrüder, von denen der eine gut und tapfer, der andere jedoch unberechenbar und gefährlich ist. Natürlich stellt sich am Ende heraus, daß der Mörder doch ein ganz anderer war ... Insgesamt ist der Film eher belanglos, doch zumindest Kinski leistet darin Beachtliches.

Danach folgt eine Reihe zweitrangiger Filme, an die sich nie-

›Quien sabe?‹ (Töte Amigo, 1966), ein Italo Western von Damiano Damiani. Klaus Kinski in der Rolle des El Santo.

mand mehr erinnert, Kinski am allerwenigsten. Die Dreharbeiten führen ihn auf Reisen durch ganz Europa, und er nimmt alle nur erdenklichen Rollen an. Beispielsweise spielt er in dem Film *The Slaves of Sumuru/The Million Eyes of Su-Muru* (1966) von Lindsay Shonteff, dt. Titel: Sumuru – die Tochter des Satans, den Präsidenten Boong, einen exotischen Schurken.

Ein spanisch-italienisch-französischer Film: ›Operacion Estambul/Operation Istambul/L'Homme d'Istamboul‹ (Unser Mann aus Istanbul, 1965). In den Hauptrollen: Sylva Koscina, Horst Buchholz, Klaus Kinski und Mario Adorf (Filmprogramm-Titelseite – »Neues Film-Programm«).

Klaus Kinski in der Rolle des Erich Weiss in Giuliano Montaldos Film ›Top Job/Ad ogni costo‹ (1967).

1965: Clint Eastwood und Klaus Kinski (als Wild) in Sergio Leones Western ›Per qualche dollari in piu/Für ein paar Dollar mehr‹.

Rechts: Kinski in Italien in Sergio Leones Western ›Per qualche dollari in piu/Für ein paar Dollar mehr‹ (1965).

Man mag sich darüber wundern, daß Kinski zu jener Zeit derartig viele Filmrollen in einer geradezu mörderischen Gewalttour absolvierte, aber es sollte in diesem Zusammenhang nicht vergessen werden, warum Kinski damals überhaupt irgendwelche Filmrollen annahm. Wenn er gefragt wurde, ob er in einem neuen Film mitmachen wollte, gab er unweigerlich zur Antwort: »Wie hoch ist meine Gage?«

Das Problem bestand für ihn nicht darin, worum es in einem

Streifen ging, sondern wieviele Dollars er dafür kassieren konnte.

»Damals waren mir die Filme, in denen ich mitspielte, ganz egal ... Mir war längst klargeworden, wie albern und unwichtig sie waren. Ich wollte es nur möglichst schnell hinter mich bringen, denn in Wirklichkeit verzehrte ich mich nach Dingen, die mit Kino nicht das Geringste zu tun hatten.« Tatsächlich war Klaus Kinski damals von der Idee des Aussteigens und Ausbrechens schon längst besessen. Die ganze Zeit träumt er davon, sein eigenes Boot zu besitzen und der menschlichen Zivilisation den Rücken zu kehren. So erklärt sich, daß Kinski sogar telefonische Rollenangebote akzeptiert und alles annimmt, was sich ihm bietet, um möglichst rasch viel Geld zu verdienen.

Dennoch entsteht in dieser Zeit auch ein kleines Meisterwerk: *Top Job/Ad ogni costo* (1967). Guiliano Montaldo, der später den Film *Sacco und Vanzetti* drehen sollte, ist ein passabler Thriller gelungen, in dem es um einen der spektakulären Raubüberfälle dieses Jahrhunderts geht. Der Film ist mit einer Portion Humor und mit einer solchen Meisterschaft in Szene gesetzt, daß er seinen großen amerikanischen Vorbildern durchaus würdig ist. In der Besetzungsliste findet man so bedeutende Namen wie Edward G. Robinson und Janet Leigh... Kinski selbst spielt die Rolle des Erich Weiss, eines ehemaligen Unteroffiziers einer Fallschirmjägereinheit, der sich von Robinson für den Hold-up anheuern läßt.

Kinski stellt diesen harten, leicht reizbaren Burschen, der keine Gnade kennt, auf eindrucksvolle Weise zwar mit sparsamen Mitteln aber äußerst realistisch dar. Obwohl der Film nicht sehr originell ist, wurde daraus immerhin ein sehr ansehnlicher Krimi, mit einem rundum stimmigen Drehbuch und einer mitreißenden Filmmusik von Ennio Morricone.

Anschließend dreht Kinski *Coplan sauve sa peau/L'assassino ha ore contate* (1968), dt. Titel: Der Teufelsgarten, unter dem Nachwuchsregisseur Yves Boisset. Es handelt sich um einen seltsamen Thriller, der trotz zahlloser guter Einfälle mißlungen ist. Die Hauptrolle darin spielt der wenig überzeugende Claudio Brook, während Kinski eine geradezu aberwitzige Nebenrolle verkörpert, nämlich die eines verrückten Bildhauers, der anläßlich einer spiritistischen Sitzung den Geist des verblichenen Marquis de Sade heraufbeschwört.

Wir schreiben das Jahr 1967. Kinski hat sich mittlerweile in der Welt des italienischen Films einen festen Platz erobert. Seit Sergio Leones Film *Für ein paar Dollar mehr* hat er sich eine Schar bedingungsloser Anhänger geschaffen, die die Kinos füllen, wann immer er auf der Leinwand zu sehen ist. Langsam aber sicher bahnt er sich den Weg zu internationalem Ruhm, obwohl er eigentlich nur an Filmen von minderer Bedeutung mitwirkt.

Angebote von Federico Fellini oder Roberto Rossellini schlägt er aus. Im Rückblick ist man geneigt, darüber verständnislos den Kopf zu schütteln, aber Kinski geht unbeirrbar seinen eigenen Weg. Noch in den trivialsten italienischen Produktionen bleibt er er selbst. Er weigert sich, Filme zu machen, in denen er nichts weiter ist als eine Marionette in den Händen von Regisseuren, die die Darsteller mit Gewalt zurechtbiegen und sie ihrer eigentlichen Substanz berauben.

Satt sich also Filmschaffenden wie Fellini oder anderen zu verschreiben, trifft Kinski eine einsame Entscheidung. Er beschließt, der größte Star des Italo-Western zu werden.

KAPITEL III

Der König des Italo-Western

Klaus Kinski ist es also gelungen, ab 1968 nach Filmen wie *Für ein paar Dollar mehr* und *Töte Amigo* zum Idol des Italo-Western aufzusteigen.

Aber was ist das eigentlich – ein Italo-Western? Es ist ein durch und durch eigenes Genre, das ungefähr zwischen 1965 und 1972 in einigen europäischen Ländern groß in Mode war. Mit seinem amerikanischen Vorbild hat es nur wenig gemein. Bei den italienischen Wildwestfilmen geht es nämlich meist um blutige Rache, und die »Helden« sind südländische Schönlinge mit braungebrannten, stoppelbärtigen Gesichtern.

Was hat nun ein Klaus Kinski in solcher Gesellschaft zu suchen? Er ist einfach nur gekommen, um für frischen Wind zu sorgen, und um sich innerhalb weniger Wochen eine Spitzenposition zu sichern. Seine italienischen Kollegen wirken im Vergleich zu ihm blutarm und unecht, denn erst ihm gelingt es, Gewalttätigkeit völlig glaubwürdig auf der Leinwand darzustellen. Seine »Visage« muß nicht erst von Maskenbildnern trickreich aufbereitet werden, und in seiner Persönlichkeit liegt so viel Dämonie und Sprengkraft, daß die Kinobesucher davon restlos begeistert sind.

Sartana – Bete um deinen Tod/Sartana (1968) von Frank Kramer, ist der erste einer langen Serie von Filmen, in deren Mittelpunkt ein rätselhafter, schwer zu durchschauender Mann steht, der oft von Gianni Garko mit seinen weichlichen Gesichtszügen verkörpert wird. Kinski spielt darin eine tragende Nebenrolle, denn er tritt in einigen Szenen als dandyhafter Killer auf, der Postkutschen überfällt.

Mit *L'Uomo, l'orgoglio, la vendetta/Mit Django kam der Tod* (1967) von Luigi Bazzoni, sichert sich Klaus Kinski endgültig den Titel eines neuen »Bösewichts vom Dienst« des Italo-Western. Er spielt die Rolle von Franco Neros Widersacher. Einige Zeit danach verläßt Kinski den künstlichen »Wilden Westen« der italienischen Filmemacher, um unter der Regie eines sehr »fruchtbaren« Spaniers namens Jesus »Jeff« Franco, auch Jess

Franco, Jesus Franco Manera und Jess Frank, in einer Kinoversion der *Justine* vom Marquis de Sade mitzuwirken.

Franco ist offen gesagt ein sehr schlechter Regisseur, und *Justine* (1968) ist dementsprechend kein bißchen besser als seine bisherigen Filme. Zu loben wäre höchstens Kinskis schauspielerische Leistung. Er spielt den Marquis de Sade höchstpersönlich...

Mit drei Kameras wurde der Film in kürzestmöglicher Zeit abgedreht. Klaus Kinski hatte Gelegenheit, eine fesselnde Per-

Mit Margaret Lee in Tessaris Film ›Der Bastard/Il bastardo/I gatti/Le Bâtard‹ (1968), einer deutsch-italienisch-französischen Co-Produktion.

sönlichkeit darzustellen. In der einzigen sehenswerten Szene des Filmes trägt er eine gepuderte Perücke. Mit fiebrig glänzenden Augen sitzt er in einem düsteren Verlies an einem Tisch und schreibt. Das ist wie schon gesagt der Höhepunkt des Filmes, denn der Regisseur Jeff Franco hat trotz ausgezeichneter Darsteller insgesamt nur ein oberflächliches und manchmal sogar groteskes Machwerk zustande gebracht. Im Vergleich dazu ist *Der Bastard/Il bastardo/Le bâtard* (1968) von Duccio Tessari gar nicht einmal so übel. Denn dieser Film ist ein mit straffer Hand inszenierter Thriller, in dem es ziemlich brutal zugeht. Die beiden verfeindeten Brüder werden von Klaus Kinski und dem sympathischen Giuliano Gemma dargestellt. Die sichtbar gealterte Rita Hayworth spielt die Mutter der beiden.

Kinski scheint sich selbst zu übertreffen als Adam, der durch und durch mißraten ist und seinen Bruder ohne mit der Wimper zu zucken verrät, ja sogar foltert, um ans Ziel zu gelangen. *Der Bastard* wurde aufgrund seiner unbestreitbaren Qualität zu einem großen Erfolg. Von nun an erscheinen in der französischen Presse zahlreiche Artikel über Kinski. Er hat beim Kinopublikum einen nachhaltigen Eindruck hinterlassen.

Im gleichen Jahr 1968 erhält Kinski eine Rolle in dem bis auf den heutigen Tag besten Italo-Western, wenn man einmal von Sergio Leones Filmen absieht. Gemeint ist *Il grande silenzio/Le grand silence* (1968) von Sergio Corbucci, dt. Titel: Leichen pflastern seinen Weg.

Dieser faszinierende, unverwechselbare und irgendwie barocke Film spielt an einem höchst ungewöhnlichen Schauplatz: In einer tief verschneiten Kleinstadt. Zweifellos ist dies Corbuccis gelungenster Film, denn seine Laufbahn ist mit solchen Höhepunkten nicht eben reich gesegnet.

In einer fast irreal anmutenden Umgebung, die einem Traum entstammen könnte, treffen das Gute und Böse hart aufeinander. Das Gute wird von Silencio verkörpert, einem stummen Rächer. Er jagt die Banditen, die einst seine Eltern ermordeten und ihm die Stimmbänder durchtrennten, als er noch ein Kind war. Das Böse – oder besser gesagt der große Bösewicht – ist Klaus Kinski. Gewiß hat sich Jean-Louis Trintignant als Silen-

1968: Klaus Kinski als Marquis de Sade in ›Marquis de Sade: Justine/ Justine/La disavventura della virtu/Les infortunes de la vertu‹.

46

cio, also in einer für ihn ungewohnten Rolle gut aus der Affäre gezogen, aber der eigentliche und wohl auch einzige Star des Filmes ist ohne jeden Zweifel Klaus Kinski.

In einen Pelzmantel gehüllt und mit einem breitkrempigen Hut auf dem Kopf verkörpert Kinski einen gnadenlosen und rätselhaften Kopfgeldjäger namens Tigrero. Er setzt den Zuschauer in Erstaunen, denn er scheint sich darin zu gefallen, diese Rolle anders zu spielen, als man von ihm erwartet. Anstatt nämlich einen grinsenden Sadisten darzustellen, macht er aus Tigrero einen in seiner Nettigkeit entwaffnenden Kerl, der seine Treulosigkeit und seinen Eigennutz schlau hinter einem Lächeln verbirgt.

In einer Szene des Filmes erschießt Kinski/Tigrero einen Mann im Beisein von dessen Mutter. Mit sanfter Stimme sagt er zu der weinenden Frau: »Sie müssen uns verzeihen, liebe Frau, aber dies ist unser Broterwerb.«

Indem er diese Rolle auf so feinsinnige und intelligente Weise ausweitet und und die üblichen Stereotypen umgeht, liefert uns Klaus Kinski wieder einmal einen Beweis für seinen untrüglichen schauspielerischen Instinkt, der tatsächlich bewundernswert ist. Schon beim Lesen eines Drehbuches begreift er augenblicklich, auf welche Weise er gleichsam in die Haut der von ihm darzustellenden Person schlüpfen kann. Er braucht eine Rolle nicht zu üben wie ein Schauspielschüler, und er muß sich auch keine Anweisungen und Ratschläge beim Regisseur holen, sondern er fühlt und denkt sich völlig in seinen Part hinein, bis er mit ihm verschmilzt.

Als Tigrero ist Kinski so markant wie selten zuvor. Diese Rolle hat ihn ganz bestimmt ein großes Stück weitergebracht auf dem Weg zum Ruhm. Die Faszination, die er auf den Betrachter ausübt, stellt die sicherlich guten schauspielerischen Leistungen anderer Darsteller in den Schatten.

Obwohl der Film von der Zensur arg beschnitten wurde, wird er wohl für lange Zeit der große Klassiker des Italo-Western bleiben. Dies ist vor allem Klaus Kinski und dem in vielerlei Hinsicht neuartigen Drehbuch zuzuschreiben, aber auch den großartigen Bildern, mit denen dieser einzigartige Film geradezu gespickt ist.

Ognuno per se/Das Gold von Sam Cooper (1968), weiterer dt. Titel: Jeder für sich, ein Film von Giorgio Capitani, erreicht

1968: ›Se incontri Sartana prega per la tua morte/Sartana/Sartana – Bete um deinen Tod‹, ein Italo-Western um die Sartana-Figur. Regie: Gianfranco Parolini.

zwar nicht das Niveau seines Vorgängers, darf jedoch durchaus als insgesamt gelungener Italo-Western bezeichnet werden. Diese Tatsache verdankt er möglicherweise der Mitwirkung von zwei amerikanischen Kinoveteranen, nämlich Van Heflin und Gilbert Roland, aber mit Sicherheit hat auch Klaus Kinski entscheidend zum Gelingen des Filmes beigetragen.

Mit großartiger Wildheit stellt er einen sadistischen und homosexuellen Banditen dar, ohne den die Handlung des Films ganz sicher kraftloser und flacher gewesen wäre. Man darf wohl sagen, daß Klaus Kinski nie beunruhigender und furchteinflößender gewesen ist. Von ihm geht ein körperlich spürbares Unbehagen aus.

Cinque per l'inferno (1968), dt. Titel: Todeskommando Panthersprung (A.d.R.), von Frank Kramer ist ein mittelmäßiger italienischer Kriegsfilm, militaristisch wie die großen amerikanischen Vorbilder. Kinski stellt einen unbarmherzigen deutschen Offizier dar. Wie in vielen anderen Fällen ist Klaus Kinski wieder einmal das einzig Interessante und Sehenswerte an dem ganzen Film.

Das Jahr 1969 beginnt für Kinski als Filmschauspieler mit einem neuen Wildwestfilm, der als weitgehend geglückt bezeichnet werden kann. Es handelt sich um *Due volte giuda* (1969), dt. Titel: Zwei × Judas, von Nando Cicero. Mit braun geschminktem Gesicht spielt Kinski darin äußerst überzeugend einen Mestizen namens Dingus, der seinen an Gedächtnisschwund leidenden Bruder auf schändliche Weise zu mißbrauchen versucht. Obwohl dieser Film wie viele seiner Art mit sehr wenig Geld produziert worden ist, ist er alles andere als belanglos. In photographischer und musikalischer Hinsicht ist er aus einem Guß, und außerdem spielt Kinski darin eine Rolle, die ihm auf den Leib geschneidert ist. Seine Wutanfälle sind es wert, in die Filmgeschichte einzugehen...

Jeff Franco, mit dem Kinski *Justine* gedreht hatte, gibt ihm als nächstes eine Rolle in *Paroxysmus/Vénus en fourrure* (1969), dt. Titel: Venus im Pelz. Es handelt sich wiederum um ein gräßliches, pseudo-erotisches Machwerk, das völlig an den Haaren herbeigezogen ist. Inmitten all der Mittelmäßigkeit spielt Kinski jedoch die Rolle des Ahmed so glänzend, daß seine Leistung al-

In Nando Ciceros Film ›Due volte giuda‹ (Zwei x Judas, 1968).

Antonio Margheriti inszenierte den von Peter Carsten 1969 in italienisch-deutscher Co-Produktion hergestellten Film ›... e Dio disse a caino/Satan der Rache‹. Der Szenenausschnitt zeigt Klaus Kinski in der Rolle des Gary Hamilton.

les überstrahlt. Kinskis nächster Film *Satan der Rache/E Dio disse a caino* (1969) von Antonio Margheriti ist ein ziemlich seltsamer Western. Zwar geht es in dem Drehbuch nach klassischer Manier vor allem um Rache, doch Margheriti behandelt das Thema in der Manier eines Horrorfilms. Das Ergebnis ist recht überzeugend.

In der Rolle des Gary Hamilton ist Kinski endlich einmal der »Held« der Geschichte, das heißt der »Gute«. Während die Totenglocke läutet, massakriert er jene, die dafür gesorgt hatten, daß er zu Unrecht verurteilt wurde. Kinski wirkt in dieser Rolle so eindringlich, daß der ansonsten unbedeutende Film auf ein

Niveau gehoben wird, das er eigentlich nicht verdient. Denn sogar die Schwächen der Regie werden zumindest teilweise durch Kinskis aus dem »Bauch« kommende Schauspielkunst ausgeglichen. Er wirkt in diesem Film so geisterhaft, unbarmherzig und furchteinflößend, daß er wieder einmal die läppischen Stereotypen des Drehbuchs sprengt und dem anscheinend farblosen Helden der Geschichte eine ungeahnte Prägnanz verleiht.

Sono Sartana il vostro becchino (1969) von Giuliamo Carmineo ist ein weiterer Neuaufguß der nicht endenwollenden Sartana-Filmreihe. Doch danach wird Kinski in *Il litto nella piaggia* (1969) von Teodoro Ricci mit einer großartigen Rolle bedacht. In diesem Kriegsfilm, dessen Drehbuch über die Maße melodramatisch ist, verkörpert Kinski mit großer Eindringlichkeit einen Unteroffizier der amerikanischen Armee, der zum Tode verurteilt worden ist. Die Szenen, in denen Kinski auf seine Hinrichtung wartet, sind in ihrer Authentizität erschütternd. Wenn man ihn auf diesen Film anspricht, erzählt Kinski gern eine Anekdote, die seine Einstellung zum Kino klar umreißt:

»Ich mache keine Filme für Festspiele, wie das von Cannes oder um einen Oscar zu gewinnen. Ich will auch nicht, daß die Kritiker sofort zu masturbieren anfangen, wenn sie mich auf der Leinwand sehen, denn meine Filme sind vor allem für das Publikum bestimmt... In Vietnam begegnete ich irgendwann einem acht- oder neunjährigen Jungen. Er hatte mich in einem amerikanischen Film gesehen, in dem ich einen Sergeanten darstellte, der am Ende mit weit aufgerissenem Mund in seinem Panzer krepierte. Diese Szene spielte der Kleine mir vor. Grimassen schneidend gab er mir zu verstehen, daß ich etwas getan hatte, was für ihn wichtig war. Wenn ich also lieber einen Film mache, der einen kleinen Vietnamesen nachhaltig beeindruckt, statt in einem Visconti-Film mitzuwirken, dann müßten eigentlich auch Leute wie Sie begreifen, warum das so ist ...« (»Écran«, 1976). Aus dem gleichen Grund läßt Klaus Kinski die Unterscheidung zwischen erst-, zweit- und drittklassigen Filmen nicht gelten. Was würde eine solche Einteilung schon für den vietnamesischen Jungen bedeuten? Angenommen, ein Film hätte fünfzehn Millionen Dollar gekostet und in Cannes einen Preis erhalten – wäre der kleine Vietnamese deshalb etwa glücklicher gewesen, als er Kinski zufällig auf der Straße begegnete?

Das Gesicht im Dunkeln/*A doppia faccia* (1969) von Riccardo

Freda ist eine Mischung aus Erotik und Horror. In diesem Film sieht sich Kinski von sehr hübschen Mädchen umgeben. Nach Jahren, als Kinski in Frankreich schon längst zu einem großen Star avanciert war, hielt es die Verleihfirma für geraten, den Streifen unter dem Titel »Chaleurs et jouissances« zu zeigen. Mehr lohnt sich nicht darüber zu sagen.

Das Jahr 1970 beginnt für Kinski mit einem weiteren Film von Jeff Franco: *Nachts, wenn Dracula erwacht/El conde Dracula* (1970). Obwohl der Film sich verzweifelt bemüht, der großen literarischen Vorlage von Bram Stoker gerecht zu werden, wird er dennoch ein Mißerfolg. An der Seite des unvergeßlichen

Kinski in ›Das Gesicht im Dunkeln/A doppia faccia/Operazione hallicinante‹, 1969 von Riccardo Freda in Italien inszeniert.

Klaus Kinski in Segio Corbuccis Western ›Il grande silenzio/Le grand si-lence‹ (Leichen pflastern seinen Weg, 1968).

Christopher Lee, der die Rolle des Dracula spielt, erscheint Kinski in einigen Szenen als der fliegenfressende Renfield. Wiederum spielt Kinski keine kleine Rolle, sondern es handelt sich eher um einen kleinen Film im Film. Das Kinopublikum nahm *Dracula* alles andere als begeistert auf, und der Film ist seither gänzlich in der Versenkung verschwunden.

In der Folge dreht Kinski einen weiteren Film, in dem es um

einen epochemachenden Einbruch geht. Er heißt *Vatican-Story* (1969). Unter der Regie von Emilio P. Miraglio muß Klaus Kinski mit seiner schönen Komplizin Ira von Fürstenberg versuchen, sich des Schatzes zu bemächtigen, der im St. Petersdom in Rom aufbewahrt wird.

In dem Streifen *Apputamento con il disonore* (1970) von Robert McMahon, der in Griechenland gedreht wird, verkörpert Kinski in sehr kraftvoller Weise einen Popen, der auf Zypern als Partisane kämpft.

Anschließend kehrt Kinski zum Italo-Western zurück und spielt unter der Regie von Miles Deem in *Giu la testa... hombre!* (1971) eine Nebenrolle als äußerst schlagkräftiger Pfarrer.

Jean Delannoys Film *Der Mann mit der Torpedohaut/La peau de torpedo/Dossier 212: Destinazione morte* (1970) ist keineswegs ein besonders bemerkenswertes Werk, dennoch verdient er, hervorgehoben zu werden, da es Kinskis erster französischer Film ist. Es handelt sich um einen Spionagefilm mit einem reichlich verworrenen Drehbuch, in dem Stephane Audran, Michel Constantin und Lilli Palmer mitwirken. Kinski selbst hat seinen Auftritt darin erst ziemlich spät, drückt dem Ganzen jedoch seinen persönlichen Stempel auf. Er verkörpert Torpedo, einen gnadenlosen Killer mit katzenhaften Bewegungen. Was von diesem Film in Erinnerung bleibt, ist die Szene, in der Kinski eine Zyankalikapsel schluckt, nachdem er sich bei einem Sturz alle Glieder gebrochen hat. In *I leopardi di Churchill* (1970), einem italienischen Kriegsfilm von Maurizio Pradeau, stellt Kinski einen deutschen Offizier dar, der sich an großartiger Musik berauscht und zugleich Spezialist für Massenhinrichtungen ist.

Der Streifen *Dracula im Schloß des Schreckens/Nella stretta morsa del ragno/Edgar Poe chez les morts-vivants/Les fantômes des Hurlevent* (1971) von Antonio Margheriti verschafft Kinski neben Tony Franciosa eine geradezu illustre Rolle, da es sich um Edgar Allan Poe in Person handelt. Kinski ist ausgezeichnet in der Rolle, der Film ist es weniger.

Mit *Prega il morto e amazza il vivo* (1970) von Giuseppe Vari kehrt Kinski erneut zum italienischen Western zurück.

Kriegsfilm: Klaus Kinski in ›Cinque per l'inferno‹ (Todeskommando Panthersprung, 1969), inszeniert von Gianfranco Parolini.

56

*Klaus Kinski 1970 in ›Der Mann mit der Torpedohaut/Le peau de torpe-
do/Dossier 212: Destinazione morte‹ von Jean Delannoy.*

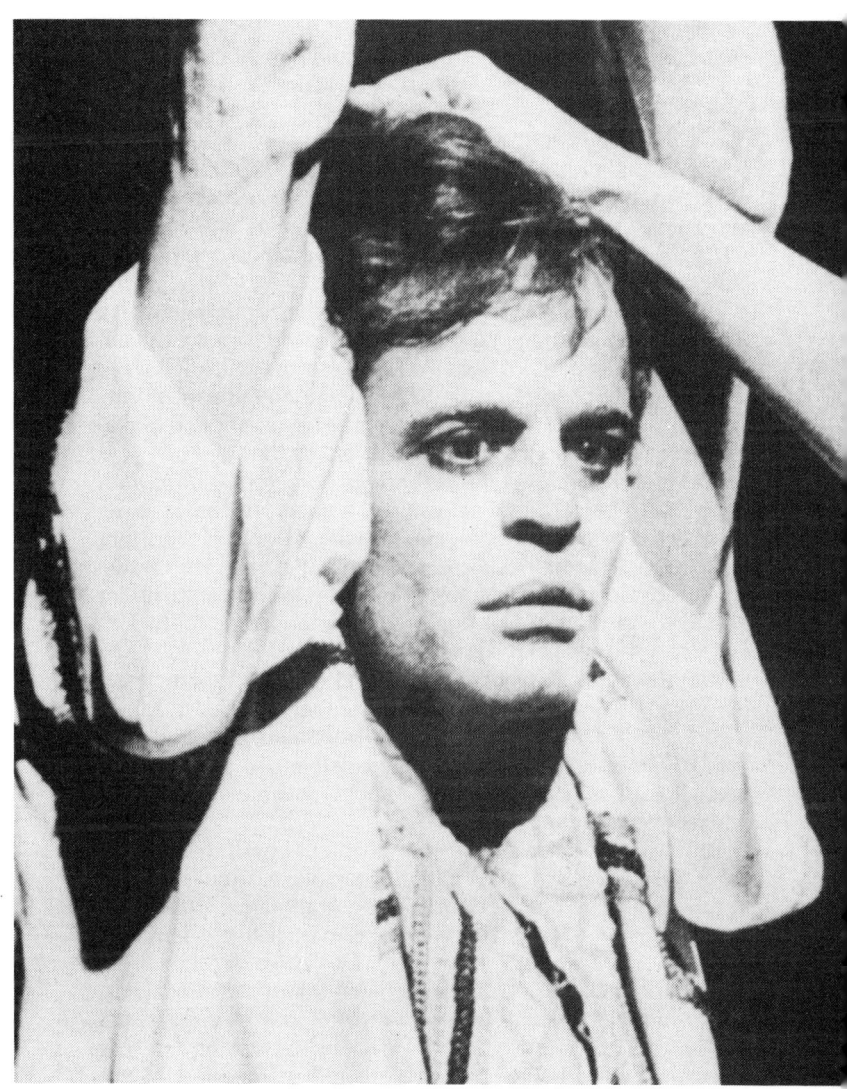

›Paroxysmus‹ (1969).

Neben dem Schönling vom Dienst verkörpert Kinski Hogan, einen sehr beunruhigenden Banditen und ein ehemaliges Mitglied des Ku-Klux-Klans, an dem der Held des Films sich rächen will.

Anschließend dreht Kinski eine Reihe sehr eindrucksvoller Western, und er hat für sein Mitwirken bei diesen Filmen eine neue Formel gefunden, die ihm sehr gefällt: Er tritt als Gaststar auf. Dies ist für ihn eine ideale Lösung, die ihm erlaubt, eine ansehnliche Gage zu kassieren, ohne während der ganzen Dreharbeiten dabeisein zu müssen.

Die Produzenten wissen inzwischen nämlich ganz genau, daß das Publikum der Italo-Western ganz verrückt ist nach Kinski. Wenn sein Name im Vorspann eines Western erscheint, ist der Erfolg fast gesichert. Obwohl Kinski in diesen Filmen nur eine Gastrolle hat, steht sein Name immer als erster auf den Plakaten, ja sogar oberhalb des Titels extra eingerahmt.

In Miles Deems Western *Per una bara piena die dollari* (1971), dt. Titel: Adios Companeros, können wir Kinski in der Rolle des Hagen bewundern, eines Bandenführers. Kinski, hier mit langen Haaren, verkörpert diesen Killer mit den Gesten eines Raubvogels auf unerhört kraftvolle Weise, etwa in der Szene, wo er die Leichen seiner ermordeten Brüder entdeckt, und wo er förmlich explodiert.

Don Reynolds *Lo chiamavano king* (1971) ist zwar ein besserer Film als der zuvor genannte Streifen, verschafft Kinski jedoch wieder eine Rolle, in dem er eine Figur von ähnlichem Kaliber darzustellen hat. Diesmal handelt es sich um einen falschen Sheriff namens Ryan, ein ironischer, dekadenter Typ, der seinen besten Freund verrät.

Mario Costas *La belva* (1970) sei ebenfalls erwähnt, da Kinski darin während des ganzen Films die Starrolle bestreitet. Er verkörpert Machete, einen gefährlichen, gewalttätigen Outlaw. Es folgt ein spannender Thriller von Roberto Bianchi mit dem Titel *L'occhio del ragno* (1971), dt. Titel: Das Auge der Spinne, in dem Kinski neben dem Amerikaner Van Johnson agiert. In Pasquale Squietieris *La vendetta e un piatto che si serve freddo* (1971), dt. Titel: Drei Amen für den Satan, hat er dann eine sehr amüsante Rolle als aalglatter, mit einem Kneifer auf der Nase ausgestatteter Journalist, der es vor allem auf schöne Mädchen abgesehen hat.

1969: ›Quintero, la legge dei Gangsters‹ (Quintero – das Aas der Unter-welt), ein Film von Siro Marcellini.

Im Jahre 1971 kehrt Kinski Italien den Rücken, um in Deutschland ein Projekt zu realisieren, das ihm seit Jahren am Herzen lag: Er will das Neue Testament rezitieren in seiner eigenen Bearbeitung... Im riesigen Berliner Sportpalast geht das Spektakel über die Bühne und erregt außergewöhnlich viel Aufsehen.

Man beschuldigt Kinski der Blasphemie, man spricht von Skandal, und während die einen ihn beleidigen und angreifen, drängt die Masse seiner Bewunderer Abend für Abend in den Sportpalast. Wieder einmal ist Kinski sich selbst treu geblieben, hat er alle Tabus ignoriert, die Mauern aus Scheinheiligkeit und Heuchelei eingeschlagen und »gewagt«, das Neue Testament neu zu schreiben. Er hat zu behaupten gewagt, daß Jesus Christus ein Dieb war, ein Tempelschänder, ein Freund der Prostituierten. Die Menge im Saal brüllt, und die Frauen fallen in Ohnmacht.

Kinski steht nun im Mittelpunkt der deutschen Presse und gibt unzählige Interviews.

Und dies ist der sichere Beweis dafür – falls es eines Beweises bedurfte – daß der Kinski, der einst in *La voix humaine* spielte, durchaus derselbe ist, der bei so vielen dubiosen Filmen mitgewirkt hat. Die ständigen Dreharbeiten und das Metier selbst haben Kinski, den Rebellen, in seiner Substanz nichts anhaben können… Er ist zweifellos dabei gereift, doch er ist kein anderer geworden.

Und Kinski ist auch die Liebe begegnet, in der Person von Minhoi, einer schönen jungen Vietnamesin, die er in Rom heiratet.

Unmittelbar nach dem »Neuen Testament« fährt Kinski nach Peru, um dort zusammen mit einem Unbekannten namens Werner Herzog einen Film zu drehen … Der Film heißt *Aguirre, der Zorn Gottes* (1972).

Nach *Aguirre* hat Kinski 1972 bei weiteren Western mitgewirkt, von denen die meisten in Frankreich nicht aufgeführt worden sind. Herzogs Film ist erst 1975 in die französischen Kinos gekommen, also drei Jahre, nachdem er gedreht worden ist. Um Kinskis explosive Entwicklung besser verdeutlichen zu können, wollen wir die chronologische Ordnung hinsichtlich der Erstaufführungen seiner Filme respektieren.

Mit *Aguirre* erfüllt sich für Kinski ein großer Teil seines Schauspielerlebens… Klaus Kinski ist bereits zum Mythos geworden, und Millionen Bewunderer auf der ganzen Welt haben

Klaus Kinski als Edgar Allan Poe in ›Satan der Rache/Dracula im Schloß des Schreckens/Nella stretta morsa del ragno/Edgar Poe chez les morts-vivants/Les fantômes de Hurlevent‹ (1971).

Tonino Ricci inszenierte Klaus Kinski 1969 in dem italienischen Film ›Il litto nella piaggia‹, der in der BRD nicht gelaufen ist.

sich weder von den schlimmsten Western noch von den miesesten Thrillern davon abhalten lassen, ins Kino zu gehen, wenn sie dafür nur *ihn* mehr oder weniger lange auf der Leinwand sehen konnten. Obwohl nur einige Filme wie *Per qualche dollari in piu/Für ein paar Dollar mehr* (1965), *Il grande silenzio/Le grand silence* (1968) in die Geschichte des Films eingehen werden, kann man doch die unzähligen anderen Filme, die Kinski im Laufe all dieser Jahre gedreht hat, nicht einfach übergehen.

Bei jedem neuen Film hat Kinski sein Metier besser kennengelernt, und er hat so viele Filme gemacht, daß man fast von einer Art »Telepathie« sprechen kann, die sich zwischen ihm und der Kamera entwickelt hat.

»Wenn ich in einem Film mitspiele, weiß ich ganz genau, wo sich die Kamera befindet, ich weiß aus Gewohnheit, aber auch aufgrund meines Instinktes, aus welchem Winkel die Einstellung gemacht wird. Ich *weiß*, wann man mich in Großaufnahme zeigen muß, ich spüre, wenn der Regisseur einen Fehler macht.«

Kinskis Werdegang als Schauspieler nimmt eine so besondere Stellung ein, daß man nicht wie so viele behaupten kann, er habe sich »weggeworfen« und »verschleudert« oder er habe gar »Pfuschern als Handlanger gedient«. Noch im schlechtesten Film, in der undankbarsten Rolle hat Kinski sich mit Leib und Seele hingegeben; fast könnte man sagen, Kinski sei um so bemerkenswerter gewesen, je schlechter der Film war, so als habe er etwas »retten« wollen.

Drei Jahre nach den Dreharbeiten zu *Aguirre,* und zu einem Zeitpunkt, wo niemand darauf gefaßt war, sollte Kinski einen aufsehenerregenden Einzug in den französischen Film halten.

KAPITEL 4

»Ich bin Aguirre, der Zorn Gottes!«

Aguirre, der Conquistador, treibt einsam auf seinem Floß den Fluß entlang; all seine Männer sind tot, von Pfeilen durchbohrt. Aguirre stapft auf seinem Floß hin und her, und sein Körper bewegt sich in krampfartigen Zuckungen. Er packt sich einen kleinen Affen, die zwischen den Leichen der Männer hin- und herspringen und ruft aus:

»Ich bin der Zorn Gottes. Ich werde meine eigene Tochter heiraten, ich werde die reinste Dynastie gründen, die die Menschheit kennt, und gemeinsam werden wir über den ganzen Kontinent herrschen... Wir werden allem standhalten. Ich bin der Zorn, der Zorn Gottes! Wer will sich mir anschließen?«

Das Floß, ein winziger Punkt in dem gewaltigen Strom, treibt der endgültigen Vernichtung entgegen, ins Nichts hinein. So endet *Aguirre, der Zorn Gottes,* einer der schönsten Filme in der Geschichte des Kinos.

Werner Herzog hat seinen Film im Jahre 1972 im Dschungel von Peru gedreht und das unter sehr schwierigen Bedingungen. Er hat seinen Film als einen »Dschungeltraum« definiert, in dem es »um todbringende Pfeile und fieberhaften, ekstatischen Wahn geht«, und kaum ein anderer Satz könnte die Atmosphäre von *Aguirre* besser in Worten wiedergeben.

Aguirre ist mehr als ein Film, er ist ein echtes Werk. Ein seltsames, barockes und faszinierendes Werk, das üppig wuchert trotz seiner Schlichtheit. Kinski beschreibt die Filme Herzogs als »primitiv« im guten Sinne des Wortes. Und genauso verhält es sich auch damit.

Aguirre ist wie ein fester Block, aus einem Guß gemacht, es ist ein Film, der sich der allersimpelsten Ausdrucksmöglichkeiten bedient. Das Drehbuch ist in wenigen Worten erzählt: Ein bis zum Wahnsinn von seinem Ehrgeiz besessener Conquistador führt all seine Männer in den Tod, mitten im Dschungel von Peru... Der langsame und monotone Ablauf des Films, die Stimmen im Off, die schwüle Dschungelatmosphäre des Amazonasgebiets, Herzogs Kameraführung, die fast ständig in Bewegung

*Klaus Kinski in der Titelrolle des
Werner-Herzog-Films ›Aguirre, der
Zorn Gottes‹ (1972), in englischer
Originalfassung im Urwald Südame-
rikas entstanden.*

ist, Kinskis phantastisches Spiel und die zauberhafte Musik der
Gruppe Popol Vuh – all dies zusammen versetzt den Zuschauer
in eine Welt des Alptraumes und des rasenden Wahnsinns, wie
es im Film bisher selten erreicht wurde.

Der Dschungel spielt in diesem Film eine wichtige Rolle; er ist allgegenwärtig und erscheint wie ein riesiger, dunkelgrüner Vorhang, der sich unaufhörlich bewegt und voller Geräusche ist. Die Entdeckung des Dschungels hat Kinski mehr geprägt als jedes andere Erlebnis zuvor. Er bleibt nächtelang wach, um den Geräuschen des Dschungels zu lauschen und den Sternenhimmel zu betrachten. Der Eindruck geht bei Kinski so tief, daß ihm die Dreharbeiten fast nebensächlich vorkommen, was ein gespanntes Verhältnis zu Werner Herzog zur Folge hat. Dieser erklärt dennoch dazu:

»Er hat den Film von Anfang an geliebt. Und er hat für sehr viel weniger Geld mit mir zusammen gearbeitet, als er für gewöhnlich bekommt. Bei einem Western verdient er dreimal so viel.«

Man versteht leicht, weshalb Kinski diesen Film so geliebt hat. Endlich kann der Schauspieler in ihm in einer Rolle sein absolutes, heftiges Verlangen ausdrücken, »bis zum Äußersten zu gehen«. Don Lope de Aguirre geht bis ans Äußerste von allem: Er lebt seinen Wahnsinn aus und seinen verzehrenden Ehrgeiz und endlich dann seine unbewußte Todessehnsucht. Niemals hat Kinski auf der Leinwand eine derartige Transzendenz erreicht.

Die maßlose, zugleich furchteinflößende Persönlichkeit des Aguirre ist sicherlich die vielschichtigste und gewaltigste Figur, mit der das Kino uns konfrontiert hat. Und es bedurfte in der Tat eines Kinski, um ihr Leben einzuhauchen.

Um sich in Don Lope de Aguirre zu verwandeln, hat Kinski seine blonde Mähne mit einem spanischen Helm bedeckt und einen schweren Panzer aus Stahl angelegt. Er bewegt sich mit den Worten von Werner Herzog »wie eine Spinne, wie ein Krebs im Sand«, sein Körper wirkt verkrümmt, und seine verzerrten Gesichtszüge drücken den Wahnsinn aus.

Wenn er zwischen seinen entsetzten Männern hin- und herläuft, eine gleichsam schillernde, funkelnde Gestalt, eine Schulter hochgezogen, wenn sein Gesicht durch ein grausames Lächeln entstellt wird, wenn er sich ganz seinen wahnsinnigen Visionen hingibt und, an einen Baum gelehnt, seinen Soldaten von den Schätzen Eldorados erzählt – in all diesen Momenten bricht das Genie eines Schauspielers hervor, der so lange Zeit geknebelt war.

Aguirre ist ein Verlierer, ein glühender Kämpfer, der davon träumt, Mexiko zu erobern, während er auf dem wütenden Strom dahintreibt, um sich schließlich ganz im Dschungel zu verlieren. Auf Aguirre sind selbst Begriffe wie »gut« oder »böse« nicht mehr anwendbar, er ist die letzte Verkörperung der unbewußten Wünsche und Träume des Menschen, die bis zur Selbstzerstörung gehen können.

Kinskis außergewöhnliche Leistung fand eine explosive Resonanz, die bis zum heutigen Tage andauert. Publikum und Kritiker waren diesmal sogar einer Meinung und fielen geradezu in Ekstase, was so weit ging, daß man Kinski als »größten Schauspieler des zwanzigsten Jahrhunderts« bezeichnete.

Im Februar 1975 kam der Film in die französischen Kinos und wurde zunächst in zwei Pariser Filmtheatern ohne jede Vorankündigung oder Werbung gezeigt. Der Start war zunächst schwierig, doch nach entsprechender Mundpropaganda wurde *Aguirre* innerhalb weniger Wochen der Film, den man unbedingt gesehen haben mußte. Der Film konnte einen verblüffenden Triumph feiern und wurde monatelang ausschließlich dort gezeigt.

Ein Schiff, das mitten im Dschungel auf dem Gipfel eines Baumes »liegt«, Flöße, die langsam im Sumpfwasser dahintreiben, ein Schmetterling, der sich einem Conquistador auf den Daumen setzt, ein Pferd, das man in den Fluß geworfen hat, eine Frau in höfischer Robe, die sich immer mehr im von Kannibalen wimmelnden Dschungel verirrt... all diese Bilder sind unvergeßlich, sie sind das Werk eines echten Genies und machen *Aguirre* zu einem der ursprünglichsten und schönsten Filme, die wir je sehen konnten.

Inzwischen ist deutlich geworden, daß erst die Verbindung Kinski-Herzog diesen Film zu dem gemacht hat, was er ist. Denn von den Filmen, die Herzog anschließend ohne Kinski gedreht hat (*Jeder für sich und Gott gegen alle* oder *Herz aus Glas*), hat keiner trotz deren Qualitäten die gewaltige Wucht von *Aguirre* erreicht...

In Frankreich war es, wo der Film seinen ersten Erfolg erlebte, und in Frankreich ist es auch, genauer gesagt in Paris, wo Kinski im Jahre 1975 den Film dreht, durch den er sich dem französischen Publikum endgültig einprägt: *L'important c'est d'aimer/Nachtblende.*

Zwischen *Aguirre* und *L'important c'est d'aimer* war Kinski für einige Zeit nach Italien zurückgekehrt, um dort einige kleinere Filme zu drehen, Western und Thriller, über die es sich nicht zu berichten lohnt.

Der Film *L'important c'est d'aimer* basiert auf einem sehr gelungenen Roman von Christopher Frank und wurde von Andrzej Zulawski in Szene gesetzt.

An der Seite von Romy Schneider, Fabio Testi und Jacques Dutronc hat Kinski hier erneut eine Rolle, die ihm auf den Leib geschneidert ist. Er verkörpert die Figur des Karl-Heinz Zimmer, eines grandiosen und zwiespältigen Schauspielers, der dazu verurteilt ist, seine Kunst nur noch auf der Bühne von tristen Theatern vorzuführen, über denen schon der Pleitegeier schwebt.

Zimmers Persönlichkeit, die kein Maß kennt, die fasziniert, beunruhigt und zugleich mitleiderregend wirkt, gibt Kinski erneut Gelegenheit, die vielen Facetten seines Genies zu zeigen. So ist er voller Zärtlichkeit in der Szene, wo Romy Schneider mitten auf der Bühne während der Proben einen Nervenzusammenbruch erleidet, und er einfach ihr Gesicht zwischen seine Hände nimmt, sie auf den Mund küßt und dabei sagt: »Das ist alles, was ich für dich tun kann.«

Dann wieder ist er voller Gewalttätigkeit, wenn er seine Wut über einen Mißerfolg mit ein paar Karateschlägen an unschuldigen Opfern ausläßt. Anrührend und erschütternd ist seine Darstellung, wenn er, nachdem er mit zwei Prostituierten Liebe gemacht hat, sich nackt vom Bett erhebt und seinen Tränen freien Lauf läßt, während er die Stirn an eine Fensterscheibe preßt, an der der Regen entlangrinnt. Schlechthin grandios ist er in der Theaterszene, wo Shakespeares Drama Richard III. aufgeführt wird, in dem er einen geradezu monströsen Gloucester spielt. Diese »Theaterszene« des Films ermöglicht dem französischen Publikum zum ersten Mal, Kinski auf der Bühne zu erleben. Was Kinski dort vollführt, kann man wahrhaftig als genial bezeichnen. *L'improtant c'est d'aimer/Nachtblende* ist ein Film, den man nur schwer ertragen kann. Dies weniger aufgrund seiner Gewalt, sondern wegen seiner Düsterkeit und seinem grundlegenden Pessimismus. Zulawski hat einen finsteren, abstoßenden, beklemmenden und sogar angsterregenden Film geschaffen, dessen bejammernswerte Gestalten alle von Anfang

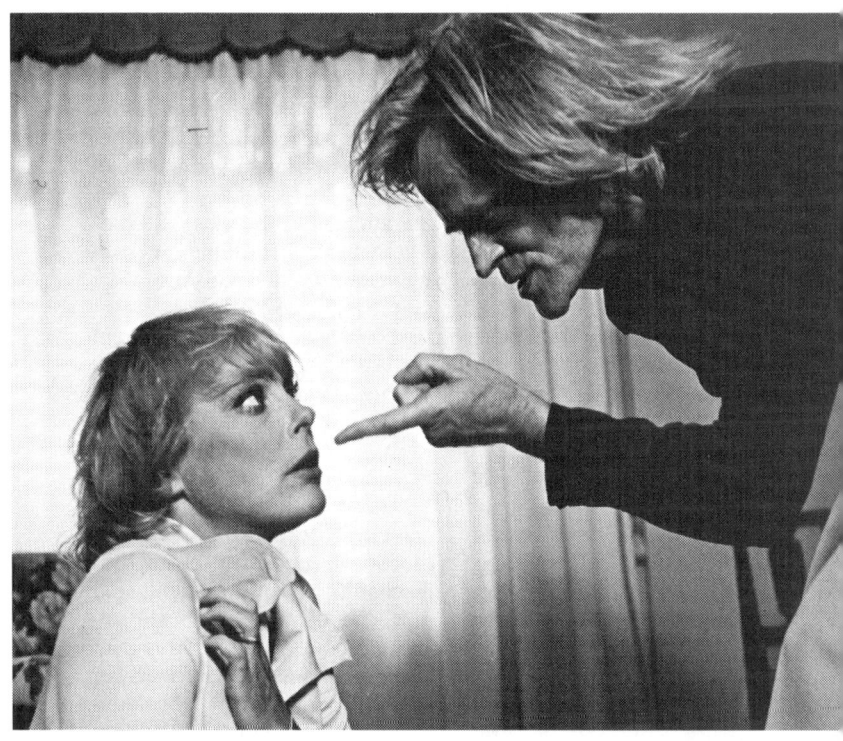

Elke Sommer und Klaus Kinski in Manfred Purzers Film ›Das Netz‹, von Luggi Waldleitner 1975 produziert.

an zum Scheitern verurteilt sind. Obwohl das Werk als anspruchsvoll bezeichnet werden kann, ruft es vor allem eine gewisse morbide Faszination hervor.

Mit Zulawski verstand sich Kinski während der Dreharbeiten sehr gut. »Ich habe sein Genie gespürt, und er das meine.« Sagt der Schauspieler.

Unterstützt durch ausgezeichnete Kritiken in der Presse, kann der Film einen beachtlichen kommerziellen Erfolg verzeichnen. Dies kommt in hohem Maße Kinski zugute (Zulawskis Film ist fast zur selben Zeit in die Kinos gekommen wie

Aguirre), der in kürzester Zeit die Sensation Nr. 1 des französischen Films wird.

Kinski wird in der Folge zu verschiedenen Fernsehsendungen eingeladen und viele Male interviewt, ein geradezu frenetisches Publikum hat ihn entdeckt und auch wiederentdeckt. So beschließt Kinski, sich mit seiner Frau und seinem kleinen Sohn Nanhoi in Paris niederzulassen.

Zu diesem Zeitpunkt erscheint auch Klaus Kinskis Autobiographie »Ich bind so wild nach deinem Erdbeermund«, dessen Titel einem Gedicht von Villon entstammt, den Kinski so viele Male in der Öffentlichkeit rezitiert hat.

»Ich bin so wild nach deinem Erdbeermund« sorgt von seinem Erscheinen an für beträchtlichen Wirbel. Weit davon entfernt, jenen Schauspielermemoiren zu ähneln, in denen die Verfasser entweder vor Selbstmitleid überfließen oder aber alte Rechnungen begleichen wollen, ist dieses Buch dazu geeignet, das Image seines Autors zu fördern. Das Buch ist ein einziger gewaltsamer Aufschrei, aufrichtig und leidenschaftlich, und es gehört nicht zu denen, die man vergißt. Es ist ein Ausbruch von Liebe und Haß, von Zärtlichkeit und Verachtung, und nicht einen Moment lang läßt es den Leser gleichgültig... Kinski erzählt sein Leben wie ein Filmdrehbuch, mit Rückblenden und Schlüsselszenen. Er macht dabei niemals zeitliche Angaben, was dem Buch einen gewissen Charme verleiht. Immer wieder wird bei der Lektüre Kinskis unablässige Suche nach dem Absoluten deutlich und sein fast krankhaftes Freiheitsbedürfnis. Wer das Buch dann schließt, kennt den Menschen Kinski zwar immer noch nicht besser, doch er begreift dessen Persönlichkeit.

Die sogenannte »seriöse« Literaturkritik stürzt sich voller Interesse auf diese Neuerscheinung. Man vergleicht den Schriftsteller Kinski mit Louis-Ferdinand Céline, mit Arthur Rimbaud oder mit Henry Miller.

Als Kinski »Ich bin so wild nach deinem Erdbeermund« schuf, hat er damit einen Protestschrei ausgestoßen, gegen die etablierte Ordnung, gegen die Tabus, gegen die Gesellschaft, kurz, gegen alles, was sich zwischen ihn und das Absolute stellt.

Mit wachsendem Erfolg bremst Kinski nun seinen Drang, einen Film nach dem anderen zu drehen und versucht, eine Auswahl zu treffen, die nicht so sehr nur von der Höhe des Schecks bestimmt wird.

Der letzte Film, an dem er im Jahr 1974 mitwirkt, nennt sich *Lifespan* und wird von Alexander Whitelaw in Szene gesetzt. Der Film wird in Amsterdam gedreht, in einem äußerst tristen und düsteren Dekor, und das Ergebnis ist nichts anderes als Kino auf dem absoluten Nullpunkt. Der hohe Anspruch des Films stinkt zum Himmel, denn Whitelaw, der den Zuschauer erbarmungslos mit Langeweile quält, wollte diesem Streifen unbedingt etwas zugleich Beklemmendes und Barockes verleihen. Dennoch wird *Lifespan* von der Kritik geradezu hoch gelobt und erhält sogar einen Preis beim Festival des phantastischen Films in Paris. Die Wege der Kritik sind wahrhaft unergründlich! In diesem Film, dessen Handlung sich um ein Serum dreht, daß das Leben verlängern soll, und dessen Drehbuch recht verworren erscheint, hat Kinski nur einen sehr kurzen Auftritt. Er verkörpert die Person des Nicolas Ulrich, genannt der Schweizer, eines geheimnisvollen Unbekannten, der das Serum an sich selbst ausprobieren will. Hier und da sieht man ihn kurz erscheinen, und er erweckt dabei den Eindruck, als langweile er sich ebenso wie das Publikum. Es sei noch Tina Aumont erwähnt, die im Film eine geradezu zwerchfellerschütternde erotische Szene zu bestreiten hat, für die man sie in eine sadomasochistische Lederkluft gesteckt hatte.

Allein Kinskis Name und sein Gesicht genügen, um das Publikum anzuziehen, deshalb wird beides in der Werbung für *Lifespan* in den Vordergrund gerückt, obwohl er im Film selbst wie schon gesagt nur eine untergeordnete Rolle hat.

Aufgrund seiner Freundschaft zu Sergio Leone willigt Kinski anschließend ein, in dem von Leone produzierten Streifen *Un genio, due compari, un pollo/Un génie deux associés, une cloche* (1975), dt. Titel: Nobody ist der Größte, eine Nebenrolle zu übernehmen. Bei dieser Parodie auf den Italowestern führt Damiono Damiani Regie.

Inmitten einer internationalen Besetzung, die aus Terence Hill, Charlesbois, Miou-Miou, Patrick McGoohan und Raimund Harmstorff besteht, erscheint Kinski nur ganz am Anfang des Films, und zwar in der Rolle des Doc Foster. Mit sehr viel Humor verkörpert Kinski eine Art Karikatur auf die Bösewichter des Western. Mit einer schwarzen Melone auf dem Kopf erscheint er hier als unerschütterlicher Pistolenheld, der vom unbesiegbaren Terence Hill zum Duell gefordert wird. Es handelt sich um einen sehr sympathischen Film, der bedauerlicherweise unter einem sehr schlechten Drehbuch zu leiden hat, jedoch durch die schönen Bilder und die eingängige Musik von Ennio Morricone gerettet wird. Der große Erfolg des Films in Frankreich trägt dazu bei, Kinski beim breiten Publikum einen immer festeren Platz zu sichern. Kinskis Ansehen ist in Frankreich mittlerweile sogar derart gewachsen, daß die Pariser Cinémathèque ihm eine eigene Reihe widmet und eine große Anzahl seiner Filme aufführt, darunter mehrere Italo-Western, Kriegsfilme und Erfolgsfilme jüngeren Datums wie *Aguirre* oder Zulawski Werk.

KAPITEL 5

Der neue Star des französischen Kinos

Im Jahr 1976 ist Kinski der Schauspieler geworden, von dem in Frankreich am meisten gesprochen wird. Jede Woche erhält er ganze Berge von Drehbuch-Manuskripten, Projekte jeder Art werden ihm angeboten. Frankreich hatte zum damaligen Zeitpunkt in der Tat etwas frisches Blut dringend nötig, denn der französische Film siechte nur noch so dahin. So schien Kinski genau der Richtige zu sein, um der »Star« Nr. 1 im Lande zu werden...

Schließlich übernimmt Kinski in *Nuit d'or* (1976) die Hauptrolle. Es ist der erste Film eines jungen Regisseurs namens Serge Moati, der sich im Fernsehen bereits mit sehr bemerkenswerten Inszenierungen hervorgetan hatte. Mit *Nuit d'or* hat Moati – in Zusammenarbeit mit Françoise Verny, die am Drehbuch mitgewirkt hatte – einen sehr eigentümlichen und ambitionierten Film geschaffen, der sich von den übrigen französischen Produktionen stark abhebt.

In Moatis Film-Welt findet man phantomartige und symbolhafte Gestalten, und das Ganze hat etwas Künstliches, wenn nicht sogar Morbides an sich, an der Grenze zum Unwirklichen. Leider ist Moati sich selbst in die Falle gegangen: er hat zuviel des Guten getan. Trotz mancher starker Momente ist das Werk insgesamt schwerfällig, überladen und verworren. Es sind derart viele Einfälle darin enthalten, daß diese jeweils nicht recht zur Geltung kommen, und der barocke Stil des Films ist zu gewollt, um Eindruck zu machen.

Wie immer hat Kinski auch hier das Schlimmste verhindert. Seine Rolle in *Nuit d'or* enthält viele Facetten. Er stellt den Michel Fournier dar, einen reichen Erben mit dunkler Vergangenheit. Fournier ist ein Mörder, der von seinem Clan für tot gehalten wird, bis er nach Jahren der Abwesenheit zurückkehrt und seine Angehörigen terrorisiert. Sein finsteres Treiben ist jedoch zum Scheitern verurteilt, und am Ende erwartet ihn der Tod.

Kinskis Leistung in *Nuit d'or* ist sehr bemerkenswert. Er ist eine schillernde Figur, die ständig zwischen maßloser Übertreibung und äußerster Zurückhaltung schwankt, zwischen Unschuld und Machiavellismus. Der »Verlierer« Michel, dieser Besiegte mit den dämonischen Zügen, gibt ihm die Möglichkeit, alle Register seiner »Begabung« zu ziehen... Ganz ausgezeichnet gelungen sind die Szenen zwischen Kinski und dem kleinen Mädchen, das er gekidnappt hat, denn der Schauspieler hat es in differenzierter Weise verstanden, die inneren Kämpfe dieser Figur zu zeigen. Kinskis kraftvolle und gleichsam aus dem »Bauch« kommende Darstellung verleiht dem Film jene Lebendigkeit, die Moati vergeblich zu vermitteln suchte. Der Regisseur meinte über seinen Star: »Um Kinski zu entdecken, mußte ich nicht erst *Aguirre* sehen oder *L'important c'est d'aimer*. Ich kannte ihn schon aus vielen Western, und er faszinierte mich (...). Man muß ihn einfach in seiner Verrücktheit akzeptieren, denn er irrt sich niemals. Was er macht, ist große Kunst, er ist ein genialer Schauspieler.« *(Revue du Cinéma,1976)*

Dem hält Kinski mit Recht entgegen, daß man ihn nicht »in seiner Verrücktheit akzeptieren« muß, sondern ihm einfach die Möglichkeit geben soll, »er selbst« zu sein. Dies ist etwas, das nur wenige Regisseure verstanden haben. Kinski braucht nicht irgendwie gelenkt zu werden, Kinski lenkt sich selbst.

Als Kinski noch in Deutschland Theater spielte, hatte ein Regisseur zu ihm gesagt: »Bei dir brauche ich nicht zu erklären, was du tun sollst, und du benötigst auch keine Proben. Ich lasse dich auf der Bühne ganz allein...« Dieser Mann hatte den Unterschied zwischen Kinski und dem Gros der übrigen Schauspieler begriffen, doch auch er hat es nicht geschafft, sich daran zu halten, denn er hatte trotzdem versucht, Kinski zu »lenken«, was zu Zusammenstößen führte.

Sicherlich ist es für einen Regisseur sehr frustrierend, mit Kinski einen Film oder ein Theaterstück in Szene zu setzen... Kinski weiß alles im voraus, er weiß, was er sagen oder tun muß, und er ist so instinktsicher, daß er sich niemals irrt (Moati ist nicht der einzige, dem es mit ihm so geht).

Obwohl Kinski die Dreharbeiten zu *Nuit d'or* viel Spaß gemacht haben, ist er vom Endergebnis ziemlich enttäuscht, und das Publikum ist es ebenso. Moati hat nicht vermocht, seine Vorstellungen zu verwirklichen: er hätte einen barocken, maß-

Darsteller

Nobody	Terence HILL
Lokomotive	Robert CHARLEBOIS
Lucy	MIOU-MIOU
Doc Foster	Klaus KINSKI
Major Cabot	Patrick McGOOHAN
Sergeant Milton	Raimund HARMSTORF
Colonel Pembroke	Jean MARTIN
Jelly	Piero VIDA
Don Felipe	Friedrich VON LEDEBUR

NEUER *Film*-KURIER
NR. 164
6.- 5   1.- DM

1975: ›Un genio, due compari, un pollo/Nobody ist der Größte/Un génie, deux associés, une cloche‹, ein später Italo-Western, der unter der Regie von Damiano Damiani entstand und zugleich eine italienisch-deutsch-französische Gemeinschaftsproduktion.

Kein anderer deutscher Schauspieler konnte sich die Edgar-Wallace-Film-Serie so sehr zunutze machen wie Klaus Kinski; von den 38 Filmen dieser Serie (von 1959–1972) hat er in insgesamt 16 mitgewirkt. Diese Zahl 16 wird allerdings noch von zwei anderen deutschen Schauspielern überboten, denn Siegfried Schürenberg brachte es innerhalb der Reihe auf 17 Filme, Eddi Arent gar auf 24. Joachim Fuchsberger spielte 13mal, Heinz

KLAUS KINSKI

Drache 9mal. Sehr oft dabei: Jan Hendriks, Harry Wüstenhagen, Werner Peters, Ernst Fritz Fürbringer, Hubert von Meyerinck, Walter Rilla, Kurd Pieritz usw.

Der Schauspieler Klaus Kinski, bis dato Darsteller in über 130 Filmen, präsentierte seinem Publikum unzählige Gesichter.

losen, gewalttätigen Film schaffen müssen, um seinem Hauptdarsteller gerecht zu werden und hat statt dessen einen oberflächlichen, langatmigen und prätentiösen Film hervorgebracht. Wenn man *Nuit d'or* allerdings mit den übrigen französischen Produktionen vergleicht, verdient er aufgrund seiner Originalität doch eher Nachsicht. Gleich nach Kinski kommen die Schauspielerinnen Marie Dubois und Anny Duperey, deren Leistungen ganz ausgezeichnet sind, im Gegensatz zu Bernard Blier und Jean-Luc Bideau, die ihre Rollen völlig verfehlt haben. Sehenswert ist *Nuit d'or* einzig und allein wegen Kinski, der in seiner Darstellung alle Stereotypen vermeidet und wieder einmal in beeindruckender Weise seine geniale Meisterschaft zeigt.

Nach all diesen anspruchsvollen Filmen unternimmt Kinski gleichsam eine Reise in die Vergangenheit, als er sich erneut für einen Horrorfilm von Jess Franco verpflichten läßt. Es handelt sich um *Jack the Ripper – Der Dirnenmörder von London* (1976). In nur wenigen Tagen hastig zusammengeschustert, dient dieser Film zu nichts anderem als zu beweisen, daß sich im Laufe der Jahre nichts an der Talentlosigkeit von Herrn Franco geändert hat... Dieser hat sich vollends auf den Fähigkeiten seines Hauptdarstellers ausgeruht, dem es folglich allein obliegt, aus *Jack the Ripper* einen sehenswerten Film zu machen.

Wie schon so oft vollbringt Kinski das Wunder, sich über die ihn umgebende Mittelmäßigkeit zu erheben und durch seine erstklassige Leistung alles andere auszugleichen. Während man angesichts der Verbindung Kinski-Jack the Ripper eher eine äußerlich spektakuläre Interpretation erwartet hatte, verließ sich Kinski ganz auf seinen Instinkt und faßte die Rolle genau entgegengesetzt auf. Er verkörpert diesen Mann mit den zwei Gesichtern auf so sparsam-schlichte Weise, die zugleich so voller ruhiger Gelassenheit ist, daß die Figur überraschend an Tiefe gewinnt. Bei Tage ist jener der menschenfreundliche Arzt für die Armen, bei Nacht schlitzt er Prostituierten den Bauch auf, und Kinski hat diese Gestalt derart verinnerlicht, daß sie menschliche Züge gewinnt. Dadurch erhält die Figur eine neue Dimension, die zumindest einige Szenen dieses ansonsten unsäglichen Streifens zu retten vermag.

Obwohl der Film in Frankreich kaum zur Kenntnis genommen wurde, erlebte er in Deutschland einen wahren Triumph und konnte hinsichtlich der Besucherzahlen so manche Rekorde schlagen. Von diesem Film hat Kinski mittlerweile nur noch eines in Erinnerung, nämlich daß er während der Dreharbeiten Tennis spielen gelernt hat!

Mit Kinskis nächstem Film, der sich an ein breites Publikum wendet, erneuert er seine Verbindung zum französischen Kino. Es handelt sich um *Madame Claude* (1976), ein großangelegtes, aufwendiges Projekt, das das Leben der berühmt-berüchtigten Luxus-Bordell-Besitzerin zum Thema hat. Da Kinski mit dem Regisseur Just Jaeckin befreundet ist, gibt er sich mit einer ziemlich kurzen Nebenrolle zufrieden und spielt an der Seite von Françoise Fabian und Murray Head.

In *Madame Claude*, einem sehr anreißerischem Film der schönen Bilder, der zumindest hübsch anzusehen ist, erleben wir Kinski in der Rolle eines griechischen Milliardärs namens Alexander Zakis. Dieser bezahlt eines von Madame Claudes Mädchen dafür, daß sie seinen Sohn mit den sinnlichen Freuden des Lebens vertraut macht, da der Sprößling für den Geschmack des Vaters etwas zu »rein« ist.

Kinski bekommt hier lediglich die Gelegenheit, sich auf teuren Yachten und in üppigen Innendekorationen zu bewegen, eine Aufgabe, der er mit leicht begreiflichem Gleichmut nachkommt, denn viel mehr Entfaltungsmöglichkeiten bietet die Rolle ihm nicht.

Man hat eher den Eindruck, eine Modezeitschrift durchzublättern angesichts der eleganten Schauplätze, der schönen Frauen und eines Kinski im Smoking, was ungewöhnlich genug ist...

Im Jahre 1977 fährt Kinski nach Israel, um dort einen Film zu drehen, der jenen authentischen Fall zum Thema hat, von dem die Welt ein Jahr zuvor erschüttert wurde: es geht um die Flugzeugentführung von Uganda, bei der eine Gruppe von Palästinensern einen Airbus gekapert hatte.

Opération Thunderbolt (1977), von Menahem Golan in Szene gesetzt, ist bereits die dritte Filmversion des Sujets. Die beiden anderen Versionen waren in den USA gedreht worden, der eine ein gänzlich mißlungener Streifen mit großem Staraufgebot, der andere von Irving Kerschner. *Opération Thunderbolt* ist von allen drei Fassungen die am meisten Geglückte.

Die wesentliche Bedeutung dieses dritten Versuchs besteht in der Tatsache, daß dieser Film von Israelis gedreht wurde, und zwar mit Unterstützung von Politikern wie Menahem Begin oder Shimon Peres, die an den Geschehnissen selbst beteiligt waren (und im übrigen sogar im Film selbst auftreten). Des weiteren besteht das Gewicht des Films in der Tatsache, daß – abgesehen von den lächerlich wirkenden Darstellern Helmut Berger und Horst Buchholz – Kinski die Rolle des Wilfried Boese verkörpert, jenes deutschen Terroristen, der an der Entführung mitbeteiligt ist. Die Rolle, obwohl zunächst recht klischeehaft angelegt, ist durch Kinski sehr vertieft worden. Er hat über die Vorstellung vom gnadenlosen pro-palästinensischen Kämpfer hinaus dieser Figur sehr menschliche Züge verliehen. Während er anfangs nur rüde, bedrohlich und beunruhigend wirkt, macht er eine Wandlung durch, um schließlich voller Mitgefühl für die Geiseln zu sein und zu seinem Komplizen, der einen Gefangenen schlägt, zu sagen: »Vergiß nicht, daß wir für die Freiheit kämpfen!« In einigen Szenen, die kaum Dialog enthalten, genügt allein Kinskis physische Gegenwart, um aus der Rolle eine sehr anziehende, wenn nicht sogar sympathische Persönlichkeit zu machen. In jedem Fall ist er der einzige Darsteller des ganzen Films, der »lebendig« wirkt. Vorbelastet durch die beiden anderen Versionen wurde *Opération Thunderbolt* jedoch kein großer kommerzieller Erfolg.

Kinskis Rückkehr nach Frankreich steht dann ganz im Zeichen eines ausgezeichnet gemachten Thrillers »à la française«, und zwar handelt es sich um Georges Lautners *Mort d'un pourri* (Der Fall Serrano, 1977).

Lautner ist einer der wenigen französischen Regisseure, die es verstehen, eine Geschichte zu erzählen, ohne den Zuschauer tödlich zu langweilen, und *Mort d'un pourri* ist ein heftig vibrierender, mitreißender Film, zu dem Michel Audiard mit meisterhafter Hand die Dialoge geschrieben hat. Der Held des Streifens wird von Alain Delon verkörpert, dem Lautner eine Reihe von hervorragenden Schauspielern an die Seite stellte.

Mort d'un pourri ist eine heftige, wütende Anklage jener dunklen Machenschaften, die in der Welt der Politik gang und gäbe sind. Kinski ist die ideale Besetzung in der Rolle des Nicolas Tomsky, eines recht unheimlichen Meisters der Korruption aller Arten, der sich in den Besitz von kompromittierenden Dokumenten bringen will, die Delon gegen ihn in der Hand hat.

*1977: Klaus Kinski in › La chanson de Roland ‹
von Frank Cassenti.*

Mit sparsam eingesetzten Mitteln spielt Kinski diese zynische,
stets lächelnde Figur in seiner gewohnt eindrucksvollen Art.
Aufgrund seiner sanften Stimme und seiner liebenswürdig-höf-
lichen Manieren gewinnt die Figur eine faszinierende Doppel-
deutigkeit.

In einer langen Szene hält Kinski einen ausgedehnten Monolog über das Ausmaß an Verderbtheit, das sich unter der Oberfläche der Politik finden läßt, und diese Einstellung, in Großaufnahme gefilmt, ist absolut bemerkenswert, da hier seine persönliche Ausstrahlung und sein dichtes Spiel gleichermaßen zum Tragen kommen. Obwohl *Mort d'un pourri* nicht als unsterbliches Werk gelten kann, hat bei diesem Thriller doch ein Meister seines Fachs Regie geführt, und so konnte der Film ein beachtlicher kommerzieller Erfolg werden.

Der Film, den Kinski anschließend dreht, ist, man muß es leider sagen, einer der schlechtesten, in dem er je mitgewirkt hat. Es handelt sich um *La chanson de Roland* (1977). Dafür zeichnet Regisseur Frank Cassenti verantwortlich, den man noch von *L'affiche rouge* in düsterer Erinnerung hat.

Trotz eines anspruchsvollen und vielversprechenden Themas hat Cassenti hier den langweiligsten und prätentiösesten Film geschaffen, den man in den letzten Jahren gesehen hat.

Darin begleitet eine Gruppe von Komödianten für kurze Zeit eine Gesellschaft von Pilgern, die auf dem Weg nach Santiago de Compostela sind, und um deren schweren Gang zu erleichtern, spielen die Komödianten ihnen das Rolands-Lied vor. Als eines der Mitglieder dieser Schauspieler-Truppe verkörpert Kinski einen jungen Deutschen namens Klaus, der dank einer jungen Bäurin politisches Bewußtsein entwickelt. Bei der Lektüre des Drehbuchs hatte Kinski sich zunächst epische Kampfszenen vorgestellt, etwas Ursprüngliches, Gewalttätiges, das sich in einer mittelalterlichen Atmosphäre abspielt, und so hat er sich voller Begeisterung in dieses Abenteuer gestürzt. Bei den Dreharbeiten erlebt er jedoch eine herbe Enttäuschung: Cassenti filmt die Kampfszenen in einer einzigen Einstellung und das von weitem, wobei das »Säbelgerassel« so klingt, als wenn zwei Kochtöpfe zusammenstoßen. Kinski erinnert sich noch heute, daß Cassenti Stunden damit zubrachte, die Fesseln seines Pferdes abzufilmen.

La chanson de Roland gehört nicht zu den Filmen, die man einfach stillschweigend übergehen kann. Er ist so schlecht gemacht, daß es empörend ist, und auch das Thema ist mehr als dürftig. Cassenti hat seine Chance vertan, als er einem so gigantischen Schauspieler wie Kinski eine derart neutrale Rolle zu spielen gab, die diesem überhaupt keine Entfaltung ermöglich-

te. Das ist um so bedauerlicher, als Kinski mit seinem Ketten-
hemd, seinem Helm und dem wuchtigen Schwert eine Wirkung
ausstrahlt, die an *Aguirre* erinnert... Zu allem Überfluß ist Kinski von Schauspielern wie Alain Cuny oder Pierre Clémenti umgeben und scheint ebenso unglücklich zu sein wie der Zuschauer. Cassenti hat tatsächlich die Heldentat vollbracht, das Publikum vom ersten bis zum letzten Bild des Films gründlich zu langweilen.

In Paris dreht Kinski seinen nächsten Film, *Zoo zéro* (1977)
von Alain Fleischer, der bis 1979 nicht in die Kinos kommt.
Ganz nach Art von Cassenti entpuppt sich Fleischer als Meister
in Sachen Langeweile plus hohem Anspruch. Sein Film ist ver-
nichtend langatmig und will uns ein aufgeblähtes Nichts als barocken Symbolismus verkaufen.

In der Tat ist das einzig Interessante an *Zoo zéro* die bewun-
derungswürdige Kameraführung Bruno Nuyttens – allein diese
raffiniert fotografierten und kühl-schönen Bilder vermögen den
Zuschauer manchmal aus seiner Erstarrung zu erwecken. Hier
gewinnt die Kamera mehr Bedeutung als die ganze Regie ...

Bereits zum zweiten Mal hintereinander ist Kinski bei diesem
Film einer unter einem riesigen Aufgebot an Schauspielern aller
Arten, und wieder einmal gelingt es ihm, sich gut aus der Affäre
zu ziehen. Er tritt nur ziemlich kurz auf, aber nachdem der Zuschauer mehr als eine Stunde lang gegen den Schlaf gekämpft
hat, gewinnt der Film mit Kinskis Auftreten zum Schluß doch
noch eine zusätzliche Dimension. Er verkörpert einen Mann namens Yavé. Dieser, ein ehemaliger Orchesterleiter, ist inzwischen Zoodirektor geworden und spricht kaum noch mit den
Menschen, nachdem seine Tochter ihn verlassen hat. Er ist eine
gleichsam symbolhafte Gestalt, der alles Menschliche abgeht,
die Kinski aber kraft seines intensiven Blickes zum Leben erweckt. Durch sein zurückhaltendes Spiel, und durch die Aura,
die ihn umgibt (Nuytten hat ihn wunderbar fotografiert), hat
Kinski es geschafft, *Zoo zéro* zumindest momentelang vor dem
absoluten Nichts zu bewahren. Vor allem die Szene, in der er
stirbt, ist ganz besonders gelungen.

Dabei hatte Alain Fleischer mehrere Trümpfe in Händen wie
etwa die Idee, Tiere aus dem Zoo von Vincennes in Paris frei
herumlaufen zu lassen oder Mozarts Musik im nächtlichen, verlassen daliegenden Zoo ertönen zu lassen. All diese Einfälle

hätten die übliche Routine und die Mittelmäßigkeit des französischen Kinos durchbrochen. Doch aufgrund seines überhöhten Anspruchs, seines anmaßenden Hermetismus und einer falsch verstandenen Intellektualität hat sich Fleischer statt dessen für die Monotonie entschieden. *Zoo zéro* ist ein Film, der von der Kameraführung lebt, und insofern ein echtes Meisterwerk. Nuytten und Kinski, einem seltsam geschminkten Kinski im Smoking, ist es zu verdanken, daß *Zoo zéro* seinen Titel nicht auf der ganzen Linie verdient... Aber das ist auch das einzig Positive daran.

Nach diesen beiden letzten Mißerfolgen kommt Kinski erneut mit seinem bevorzugten Regisseur Werner Herzog zusammen, um fünf Jahre nach *Aguirre* gemeinsam mit ihm ein Werk zu schaffen, das eine Huldigung an Murnaus Klassiker *Nosferatu* werden soll. In der Titelrolle wird Kinski dem Grafen Dracula, jenem unsterblichen Geschöpf Bram Stokers, neues Leben einhauchen...

KAPITEL 6

»Ich wage zu behaupten, daß Kinski ein Genie ist!«

»Man kann den Begriff des Genies nicht für sich allein definieren – dies ist vor allem eine romantische Vorstellung und insofern muß man vorsichtig damit umgehen. Und dennoch wage ich es, Kinski ein Genie zu nennen...«, erklärt Werner Herzog nach den Dreharbeiten zu *Nosferatu, Phantom der Nacht* (1978).

Kinski meint seinerseits über seinen Regisseur: »Ich wäre gut beraten, wenn ich nur mit Werner Herzog filmen würde.«

Nosferatu markiert die aufsehenerregende Wiederbegegnung der beiden Männer, die *Aguirre* zusammen gemacht hatten. Während der Dreharbeiten erreicht die Verständigung zwischen ihnen ein Ausmaß an Vollkommenheit, daß Kinski sogar von Telepathie zwischen Herzog und sich spricht: der Schauspieler weiß, was der Regisseur von ihm erwartet, und der Regisseur weiß, was der Schauspieler sagen und tun wird.

Nosferatu wird in der Tschechoslowakei, in Mexiko, Holland und Deutschland gedreht, zum Teil an wunderbaren Schauplätzen, und ist keineswegs ein »Vampir-Film« wie die anderen. Herzog spielt den ästhetischen Aspekt fast bis zum Übermaß aus, wobei oft eine gewisse Monotonie entsteht. Nur wenn Dracula auftritt, gewinnt der Film eine wahrhaft grandiose Dimension. Wenn Kinski auftritt...

»Was Klaus Kinski betrifft, so ist dieser einfach sensationell. Er ist der Vampir schlechthin. Seit Murnaus Film hat man etwas Derartiges nicht mehr erlebt, und ich bin sicher, daß kein anderer Schauspieler in den nächsten fünfzig Jahren an seine Leistung heranreichen wird. Für mich ist es unvorstellbar, daß es jemals wieder einen so wundervollen Vampir geben kann wie ihn«, fügt Werner Herzog hinzu.

Man muß es zugeben: Kinski ist einfach überwältigend in Gestalt von Dracula. Mit seinem nackten Schädel, dem bleichen Teint, den spitzen Ohren, den hervorstehenden Vorderzähnen und den abgehackt-fiebrigen Bewegungen und Gesten ist Kinski wirklich unübertrefflich. (Seine bemerkenswerte Maske ist das Werk von Reiko Krukt, Kinskis bevorzugter Maskenbildnerin.)

Zunächst hatte Kinski sich gewünscht, den Vampir ohne Maske spielen zu können, denn er wollte die abstoßende Seite der Gestalt einzig und allein von »innen« heraus darstellen, etwa – so meinte er – wie eine klebrige, kalte Schnecke, die aus ihrem Gehäuse kriecht.

Dracula gehört zu den meistverkörperten Figuren des Kinos, doch nach Kinskis Darstellung scheint es, als wenn jeder weitere Versuch von Anfang an zum Scheitern verurteilt wäre. Der Schauspieler ist völlig hinter seiner Rolle verschwunden, und die Identifikation ist gänzlich vollzogen. Das tiefe Unbehagen, das den Zuschauer bei jedem seiner Auftritte beschleicht – denn es handelt sich eher um Unbehagen als um nackte Angst –, ist ein echtes, richtiges Gefühl. Was sich hier vor den Augen des Zuschauers entwickelt, ist wirklich ein Vampir.

Kinskis Dracula ist ein faszinierendes Wesen. Ständig zwischen dem »Grotesken« und dem »Erhabenen« wechselnd, erschafft der Schauspieler hier ein Geschöpf, das zugleich ekelerregend und ergreifend ist, monströs häßlich und unschuldig-rein wie ein Tier. Kinskis »expressionistisches« Spiel verstärkt diesen tierhaften und auch irgendwie unwirklichen Aspekt der Figur.

Während Murnaus *Nosferatu* ein furchterregendes Wesen war, dem nichts Menschliches anhaftete, hat Kinski in der Version von 1978 vor allem versucht, die Verzweiflung des Monsters zu zeigen, sein Verlangen, sich in Nichts aufzulösen: »Der Tod ist nicht alles«, sagt er zu Lucy Harker, »es ist viel grausamer, nicht sterben zu können.«

Wenn der Vampir schließlich gierig das Blut seines Opfers trinkt und mit der Hand Lucys Brust umklammert, wenn er dann, an die Liebe der jungen Frau glaubend, von den ersten Strahlen der aufgehenden Sonne getötet wird und sich wie ein Tier im Todeskampf auf dem Fußboden krümmt – in all diesen Szenen erstrahlt das Genie des Schauspielers wie ein heller Blitz.

Kinski hat diese leidende und »andersartige« Gestalt mit wirklicher Liebe verkörpert, wodurch dieser ansonsten etwas kalte Film eine immense Lebendigkeit gewinnt.

90

*Klaus Kinski 1977: ›Jack the Ripper – Der Dirnenmörder von London‹
von Jess Franco. Die Titelrolle blieb Kinski vorbehalten.*

Obwohl man in einigen Szenen den Herzog von *Aguirre* wiederentdeckt (die erste Einstellung des Films zeigt eine Reihe von Mumien mit offenem Mund, wozu ein morbider, sonorer

Chorgesang ertönt), so ist dies doch immer nur für die Dauer eines Augenblicks (die vielen Ratten erinnern an die Affen in *Aguirre*, und man sieht kurz ein Floß einen Fluß entlang treiben). *Nosferatu* bleibt nur durch Kinskis Präsenz in der Erinnerung haften. Doch das ist schon sehr viel...

Daß Kinski der EINZIGE Schauspieler ist und bleibt, liegt auch an den Darbietungen Isabelle Adjanis und Roland Topors, die sich in schamloser Weise wie Schmierenkomödianten benehmen und alles dazu tun, um eine große Anzahl Szenen dadurch zu verderben.

Doch vergessen wir die Mängel des Films, um einzig die dunkle Silhouette des Vampirs mit seinem leichenblassen, verzweifelten Gesicht im Gedächtnis zu bewahren.

KAPITEL 7

Woyzeck: Das Erreichen der Grenze

Es ist äußerst schwierig, irgendeine Art von Meinung über einen Film wie *Woyzeck* (1978) zu bilden, denn dieser geht über das Genre Film weit hinaus. Es ist eine Geschichte, die jeden im tiefsten Innern anrührt, ein erschütterndes, herzzerreißendes Drama ohne Schnörkel und überflüssige Verzierung. Hier geht es um ein ganzes Bündel von unverfälschten Gefühlen.

Zwar ist es durchaus möglich, *Woyzeck* an sich vorbeiziehen zu lassen und nur einen freudlosen, ernsten Film mit einem außergewöhnlichen Schauspieler darin zu sehen... Es ist jedoch unmöglich, ein echtes Urteil über *Woyzeck* zu fällen, denn *Woyzeck*, das ist Kinski.

Er ist der Angelpunkt des Films und trägt nicht nur den Film allein auf seinen Schultern: er IST der Film.

Woyzeck ist im Laufe von siebzehn Tagen entstanden, unmittelbar nach den Dreharbeiten zu *Nosferatu*. Werner Herzog hat sich sehr nah an Büchners düsteres Drama angelehnt, um diese furchtbare, tragische und in ihrer extremen Schlichtheit ergreifende Geschichte in Bilder umzusetzen.

Johann Franz Woyzeck, Milizsoldat und Gewehrschütze, ist ein einfacher Mann, aber eine gequälte Kreatur, einer, der von allen gedemütigt wird und sogar für medizinische Versuche herhalten muß. Er lebt nur für seine Frau Marie und den gemeinsamen kleinen Sohn. Marie ist jedoch eine »schlechte« Frau, die ihn mit dem ersten besten Offizier betrügt, der ihr über den Weg läuft... Als Woyzeck diesen Verrat entdeckt, versinkt er gänzlich im Abgrund des Wahnsinns und tötet Marie, bevor er sich selbst ertränkt.

Ein derart starkes Sujet bedurfte eines intelligenten Regisseurs und vor allem eines Interpreten, der imstande ist, das Mythische seiner Rolle zu verdeutlichen. Beides kam hier in glückhafter Weise zusammen... Werner Herzog hat dabei auf jenen Ästhetizismus verzichtet, der *Nosferatu* oft schwerfällig erschei-

›Woyzeck‹. Klaus Kinski in der Titelrolle des Werner-Herzog-Films, 1978 nach dem Bühnenfragment von Georg Büchner entstanden.

nen ließ, und zu der Schlichtheit und der Strenge zurückgefunden, durch die sich sein Meisterwerk *Aguirre* so sehr auszeichnete. Der erste Teil des Films ist zwar etwas langatmig und wirkt geschwätzig, doch der zweite Teil (von dem Moment an, da Woyzeck den Betrug seiner Frau entdeckt) ist ganz außergewöhnlich und überragend. Herzog hat sich gegenüber seinem Hauptdarsteller ganz und gar zurückgenommen, um den Film gleichsam um ihn herum zu erschaffen...

Wie Kinski selbst sehr richtig sagt, hat Herzog bei diesem Film keine «Tricks« angewendet. Wie *Aguirre* ist auch *Woyzeck* ein im guten Sinn »primitives« Werk, das auf seine einfachsten Ausdrucksmöglichkeiten reduziert wurde. *Woyzeck* ist außerdem sehr kurz, denn es war unsinnig, es mehr in die Länge zu ziehen als unbedingt nötig.

Doch über die sparsame und effiziente Regie Herzogs hinaus, auch über das Thema des Films und über den ganzen Symbolgehalt hinaus, bleibt Kinskis überwältigende Leistung – es ist bereits gesagt worden – der Pol, um den sich hier alles dreht.

Mit der Verkörperung des Franz Woyzeck scheint das »Talent« dieses Schauspielers ein Stadium der Vollendung erreicht zu haben. Es ist, als ob hier alles, was er in der Vergangenheit gemacht hatte, die höchste Steigerung erfährt. Woyzeck hat den Wahnsinn Aguirres, die Einsamkeit und die »Anomalität« des Vampirs und noch sehr vieles mehr...

Kinski hat sich mit dieser Rolle bis zu einem Grad identifiziert, daß er noch lange nach Beendigung der Dreharbeiten die Auswirkung davon zu spüren bekam.

Woyzeck – das steht für Leid, Einsamkeit, Demütigungen, Wahnsinn und Elend eines Menschen in der ganzen schrecklichen Wucht seiner Schlichtheit... Es ist einfach undenkbar, daß ein anderer Schauspieler dieser Gestalt hätte Leben einhauchen können, und wie auch bei *Aguirre* ist hier die äußere Erscheinung des Darstellers von enormer Bedeutung. Kinski hat mit *Woyzeck* eine ungeheure schöpferische Arbeit geleistet. Man kann sogar sagen, daß er sein Gesicht und seinen Körper benutzt wie ein Maler seinen Pinsel.

Mit seinem kahlgeschorenen Schädel, in groben, grauen Wollstoff gehüllt, vermittelt Kinski in *Woyzeck* den Eindruck, als sei er klein und schmächtig, wodurch das Scheitern und das Gedemütigte der Gestalt betont wird. Auch sein Gang ist ein anderer: er bewegt sich mit grotesk wirkenden Riesenschritten vorwärts. Kinski stottert sogar ein wenig. Die Verwandlung ist total.

Kinskis Spiel in *Woyzeck* ist erschütternd in seiner Intensität. Man braucht nur die lange Szene zu sehen, in der er seine Frau tötet – eine Szene, die gänzlich in Zeitlupe gedreht ist –, um sei-

Vater und Tochter: Klaus Kinski und Nastassja Kinski.

ne einzigartige Kraft zu erfahren. Während dieser langen Minuten, die von einer seltenen Gewalt sind, ist alles auf den wechselnden Ausdruck seines Gesichts konzentriert. Darin spiegelt sich sein Wahn, als er zuschlägt, sein Entsetzen, als sie sich im Todeskampf an ihn klammert, seine dumpfe Verzweiflung, als er ihren Leichnam in den Armen hält.

Es scheint, als ob noch nie zuvor ein Schauspieler derartig heftige Gefühle in einem Film dargestellt hat. Vielleicht ist Kinskis »Talent« zum ersten Mal in eine Rolle eingeflossen, die ihm wirklich gerecht wird... Endlich kann er die vielfältigen Facetten seines Könnens ans Licht bringen, und in diesem Fall verkörpert Kinski außerdem einen »Verlierer«, ohne diesem etwas Grandioses zu verleihen. Woyzeck ist ein so bemitleidenswertes, elendes Geschöpf, ein »armer Irrer«, wie es einer seiner Kameraden im Film ausdrückt. Es ist eine Rolle, die sehr viel Feingefühl verlangt, für die Kinski aber mit richtigem Instinkt den entsprechenden Ton gefunden hat.

Für Kinski ist *Woyzeck* das Wichtigste, was er an Film je gemacht hat. Nach diesem Film, so versichert er, sei alles gesagt.

Kinskis außergewöhnliche Leistung kommt durch Herzogs bildliche Umsetzung auf vollkommene Art zur Geltung. Genau wie sein Hauptdarsteller hat auch Herzog den richtigen Ton gefunden: er versucht niemals, sich in den Vordergrund zu drängen und gibt sich damit zufrieden, Kinski zu filmen, und das mit so sparsamen Mitteln wie nur möglich. In diesem »Zurückweichen« liegt bei *Woyzeck* Herzogs größte Stärke.

Woyzeck wurde in der zum Teil wunderbar schwermütigen und düsteren Landschaft der Tschechoslowakei gedreht und kann abgesehen von dem Gespann Kinski-Herzog ein ausgezeichnetes Team aufweisen. Es ist bemerkenswert, wie sehr auch Eva Mattes in der Rolle der Marie den treffenden Ton gefunden hat. Außerdem sind die dramatischen Szenen des Films durch eine wirkungsvolle Musik unterlegt.

Zwar hat *Woyzeck* einige Schwächen (die Darsteller des Arztes und des Hauptmanns sind geradezu unerträglich, und einige Dialoge wirken zu pompös), aber das Werk ist trotzdem bewunderungswürdig in seiner Dichte, seiner Menschlichkeit und seiner Schlichtheit.

Vater und Sohn: Klaus Kinski und Nanhoi Kinski.

Dennoch wird *Woyzeck* in erster Linie wegen Klaus Kinskis Interpretation in die Annalen der Filmgeschichte eingehen. So, wie er hier erscheint – nämlich abwechselnd ergreifend, lächerlich, rührend, besessen, zärtlich, wahnsinnig und wie im Fieber – hat er den Film zu einem wahrhaft bedeutenden Werk erhoben. In diesem Falle ist der Schauspieler nicht nur genauso wichtig, sondern sogar wichtiger als der Regisseur.

Werner Herzog hat Kinski völlig freie Hand gelassen, und das Ergebnis beweist, daß er damit rechtgehabt hat.

Nachdem *Woyzeck* 1979 als Festival-Beitrag in Cannes gezeigt wurde, setzt Kinski einige Monate später seine Filmarbeit mit *Haine* (1979) fort, dem ersten Film von Dominique Goult, der in der Gegend von Dourdan gedreht wird.

Haine ist die Geschichte eines Motorradfahrers, der in einem kleinen Dorf anhält, das sich nach und nach als tödliche Falle für ihn entpuppt: Die Bewohner hindern ihn an der Weiterfahrt, traktieren ihn mit Schlägen und binden ihn schließlich an einem elektrischen Transformator fest, wo er eines grausamen Todes stirbt. Dazu ist zu sagen, daß die Idee mit dem Transformator von Kinski selber stammt. Er hat sie einem Drehbuch entnommen, das er einige Jahre zuvor geschrieben hatte.

Angesichts dieser einfachen Geschichte, des einzigartigen Schauplatzes und des »religiösen« Symbolgehalts von Christus, der auf die Erde zurückkehrt, ist *Haine* ein Film, den wir mit Spannung erwarten...

KAPITEL 8

Star in Hollywood?

Philippe Setbons Buch über Kinski endet mit dem Kapitel »Woyzeck: Das Erreichen der Grenze« und seinen Erwartungen, die er mit Dominique Goults Film *Haine* (1979) verband. *Haine* wurde bei uns in der BRD bislang noch nicht gezeigt. – Schon mehrfach hatte Klaus Kinski innerhalb seiner Karriere als Filmschauspieler in Hollywood-Produktionen mitgewirkt. Gleich sein dritter Film, *Decision Before Dawn* (1951), kann das Prädikat »Hollywood-Film« für sich beanspruchen, ebenso *Time to Love and a Time to Die* (1958) und *The Counterfeit Traitor* (1960). Hierzu war allerdings kein Ruf nach Hollywood vorausgegangen, denn diese drei Produktionen entstanden fast ausschließlich in der Bundesrepublik Deutschland. 1980 allerdings hielt sich der Schauspieler in den USA auf, um für die Lorimar-Filmproduktion in Los Angeles *Love and Money* zu drehen. Sein erstes offizielles Auftreten in Hollywood wußte der Exzentriker bestens zu inszenieren, indem er sich jegliche Interviews während der Dreharbeiten verbat. Als dann während der Arbeiten zu *Love and Money* doch einige Pressefotografen an den eigenwilligen Mimen herantraten, lernten sie Kinskis Schlag- und Trittfertigkeit kennen, als er sie von den Drehplätzen verscheuchte. Das Bemerkenswerteste an dem von James Toback inszenierten *Love and Money* dürfte wohl die Mitwirkung von King Vidor (†) sein, dem über achtzig Jahre alten Hollywood-Veteranen und Regisseur von *Duel in the Sun* (Duell in der Sonne, 1946) und *War and Peace* (Krieg und Frieden, 1956). Weitere Partner von Klaus Kinski sind in diesem Falle Italiens Ornella Muti und der Schauspieler Ray Sharkey. Kinski selbst spielt einen reichen Industriellen, der in Südamerika in eine Revolution verwickelt wird. Er hat Einfluß genug, um Diktatoren an der Macht zu halten oder sie zu stürzen, aber er schafft es nicht, seine schöne, junge Frau (Ornella Muti) an sich zu binden.

Kaum in Hollywood angelangt, häuften sich Filmangebote. Nach *Love and Money* und *Murder By Mail* (1980) von David Paulsen unterzeichnete Kinski zunächst einmal einen Kaufvertrag für ein Haus in Beverly Hills, danach einen Filmvertrag für Billy Wilders Komödie *Buddy Buddy* (Buddy Buddy, 1981), worin er den Arzt einer Sexklinik spielt und den bezeichnenden Namen Dr. Zuckerbrot trägt. Die Handlung des Films geht auf ein Bühnenstück von Francis Veber zurück, das 1973 in Frankreich erfolgreich von Edouard Molinaro verfilmt wurde, seinerzeit mit Lino Ventura und Jacques Brel in den Hauptrollen *(L'Emmerdeur/Il rompiballe* – Die Filzlaus). Die Ventura- und Brel-Rollen übernahmen bei Wilder Jack Lemmon und Walther Matthau, die des Killers (Matthau) nämlich, der durch die Zimmernachbarschaft in einem Hotel in die konfusen Abenteuer eines unglücklichen Ehemannes (Lemmon) verwickelt wird und sein geplantes Attentat nicht ausführen kann. Dieser Stoff reizte Billy Wilder und seinen Co-Drehbuchautoren I.A.L. Diamond so sehr, daß sie die Handlung in die USA verlagerten. Dort trifft Trabucco (Walter Matthau) auf Victor Clooney (Jack Lemmon), dessen Ehefrau Celia (Paula Prentiss) aus der gemeinsamen Ehe ausbrach, um sich in Dr. Zuckerbrots Klinik neuen Erfahrungen auf dem Gebiete der Sexforschung (mit entsprechender praktischer Anwendung) zu widmen. Clooney versucht mehrfach, sich in besagtem Hotel das Leben zu nehmen, wird aber jedesmal von Trabucco daran gehindert. Auf diese Weise hindert Clooney Trabucco ebenfalls, nämlich an der Ausübung eines bis ins Detail geplanten Attentats an dem Gangster und Kronzeugen Rudy Gambola (Fil Formicola). Jack Lemmon erinnert in seiner Rolle sehr stark an seinen Part in *The Fortune Cookie* (Der Glückspilz, 1966), wo das Quartett Lemmon-Matthau-Wilder-Diamond zum ersten Mal zusammenarbeitete. Bei der erneuten Verfilmung von Ben Hechts/Charles MacArthurs Novelle »The Front Page« (1974) traf man wieder in dieser Besetzung aufeinander und blieb bei *Buddy Buddy* erneut erfolgreich. Billy Wilder ging auch bei diesem Film nach seiner alten und bewährten Methode vor: »Gute Stimmung schaffen, ein paar Witze und kaum hat man begonnen, ist der Film schon in kürzester Zeit fertig.« Auch *Buddy Buddy* wurde eine Woche unter der offiziell vorgesehenen Drehzeit beendet, nachdem die Dreharbeiten am 4. Februar 1981 in den MGM-Studios in Culver City begonnen hatten und man in Riverside, Santa Monica, Hollywood, Los Angeles und auf Hawaii gefilmt hatte. Für Klaus Kinski bedeutete *Buddy Buddy* gleichsam etwas Neues, denn der Dr. Zuckerbrot ist eine durch und durch komödiantisch angelegte Rolle, insbesondere dort, wo Celia dem verschrobenen Arzt durch das Haar streicht und dieser seinen Patienten Theorien über sexuelle Verhaltensweisen vermittelt (»Wenn man an vorzeitiger Ejakulation leidet, muß man sich zunächst erst einmal entschuldigen.«)

Kinski hatte sich privat einer Veränderung unterzogen, indem er sich von seiner dritten Ehefrau Minhoi trennte, die er 1971 als 20jährige in Rom geheiratet hatte. In diese Zeit fällt auch sein Wunsch, die Lebensgeschichte des italienischen Geigers Paganini zu verfilmen, dem er sich verbunden fühlt. Von Plänen, diesen Film in eigener Regie zu inszenieren, war die Rede, wobei Kinski die Paganini-Rolle selbst zu übernehmen gedachte. Man wird sehen, ob sich diese Pläne in Hollywood verwirklichen lassen.

Auf jeden Fall verwirklichte Werner Herzog seine Pläne, in den Urwäldern des Amazonas seinen Film *Fitzcarraldo* (1981)

Klaus Kinski in Hollywood. 1981 entstand ›Buddy Buddy‹ (Buddy Buddy), eine Filmkomödie von Billy Wilder. Kinski in der Rolle des Dr. Zukkerbrot.

zu inszenieren, und als der vorgesehene Hauptdarsteller Jason Robards Jr. durch Krankheit ausfiel und Mick Jagger anderen Verpflichtungen nachkommen mußte, blieb Klaus Kinski übrig. Der Regisseur hierzu: »Der Kinski hat immer gesagt, du bist wahnsinnig, ich bin der Fitzcarraldo. Und du kannst anheuern, wen du willst, am Schluß bin ich es doch.« Als ich dann zu Kinski kam, hat er mir auch gar keine Vorwürfe gemacht, sondern sofort gesagt: Wann fangen wir zu drehen an, wann geht das nächste Flugzeug? Da gab es kein Wort des Vorwurfs. Der Mann war sofort in der Arbeit drin... Kinski hat Instinkt, und zwar mehr als jeder, den ich sonst kenne auf der Welt. Er war auch mit die erste Wahl. Nur, ich bin dem Trugschluß erlegen, dem sie wahrscheinlich alle erlegen wären: Ich dachte mir, der Mann hat 170 (?) Filme gemacht und hatte in keinem Film auch nur einen Funken Humor, geschweige denn Wärme oder Charme. Und hier in *Fitzcarroldo*, da hat er das alles. Er ist ein vollkommen neuer Kinski, so hat man ihn noch nie gesehen. Der Mann ist ein Genie, der kann alles. Wir können froh sein, daß wir einen so phänomenalen Mann haben im deutschen Kino. Ich wüßte nicht, wer derzeit als männlicher Darsteller auf der ganzen Welt ihm an Kaliber gleichkommen könnte. Da gibt es nämlich niemanden.« Soweit Werner Herzog.

Fitzcarraldo ist die Geschichte eines besessenen Träumers, der im Kautschuk-Boom der Jahrhundertwende, mitten im tiefsten gefahrvollen Urwald des Amazonas von großer Oper träumt, von Verdi und einem einmaligen Auftritt von Enrico Caruso und Sarah Bernhardt. Von Mosquitos zerstochen, von Hitze und Fieber ausgezehrt, vollbringt Fitzcarraldo das Unmögliche: Mit Hilfe von Hunderten von wilden Indianern, mit ein paar Eisenbahnschienen und Seilwinden, schleppt er einen gewaltigen Flußdampfer mitten über einen Berg, von einem Fluß zum anderen, um damit ein riesiges Kautschuk-Gebiet zu erschließen, das ihm die nötigen Mittel zur Verwirklichung seines Traumes bringen soll.

Werner Herzog inszenierte den Film mit gewaltigem finanziellen Aufwand unbeirrbar gegen alle widrigen Umstände, denen er sich am Amazonas ausgesetzt sah. Die Besessenheit, mit der Herzog seine Themen anpackt, spürt man schon in *Aguirre,* wo die Zusammenarbeit mit Kinski begonnen hatte.

Aus Werner Herzogs *Fitzcarraldo* folgernd, läßt sich im

Nachhinein zweifelsfrei erkennen, daß Kinski in Verbindung mit Herzog stets zu ungewöhnlich guten darstellerischen Leistungen fähig war. Es scheint daher notwendig, zu diesem Zeitpunkt noch einmal auf jene vier Filme zu blicken, die der Partnerschaft Kinski-Herzog entstammen, obwohl der Schauspieler Kinski sich angeschickt hat, Hollywood zu erkunden, sich dem amerikanischen Film zuzuwenden. Sollte er in Hollywood bleiben, so wird es ihn sicherlich nicht davon abhalten, auch wieder in Europa zu filmen oder in anderen Kontinenten, wo sich Arbeit finden läßt, die seinen Vorstellungen von seinem Beruf nahekommt. Das Urteil, das er selber über die meisten seiner Filme fällt, spricht allerdings nur für die Aufrichtigkeit des Schauspielers, denn er findet »die meisten ganz einfach zum Kotzen«, und weil ihm das nicht extrem genug erscheint, entschlüpft es ihm: »Mein Beruf ekelt mich nur an.« Wenn man dann diesen letzten Satz hört, ist es mit der Aufrichtigkeit wiederum nicht sehr weit her, denn Kinski ist sicherlich nicht nach Hollywood gegangen, weil er sich in Europa nicht verwirklichen konnte, und sicherlich auch nicht deshalb, um dort etwas ganz Neues zu beginnen, etwas, das nichts mit seinem derzeitigen Beruf zu tun hätte. Er filmt immer noch.

Über *Aguirre – Der Zorn Gottes* schrieb Wolfgang Limmer in »Medium«: »Ein abenteuerlicher Abenteuerfilm. Die Geschichte seiner Entstehung ist bestimmt so sagenhaft wie sein Gegenstand. Ein Filmteam, das auf Flößen den Amazonas heruntertreibt, ein Indianerdorf, das zu früh abbrennt, ein Klaus Kinski, der Werner Herzog als ›Zwergenregisseur‹ beschimpft und der von diesem sogar mit Waffengewalt vor die Kamera gezwungen wird. Malaria, Gelbsucht, Geldmangel … Es hätte nicht viel gefehlt und die Verfilmung einer gescheiterten Suche nach dem Eldorado wäre selbst gescheitert. Eigentlich nur durch Herzogs tyrannische Besessenheit ist dieser Film fertig geworden, der von einer tyrannischen Besessenheit erzählt …«

»… Herzog hat diese Geschichte in einem Buch über die Entdeckungsreisen gefunden, und sein Film läßt sich auch ansehen wie die leidenschaftliche und erhabene Konkretisierung unserer Knabenphantasien, die wir sponnen, als wir in Wigwams aus Wolldecken lagen oder unter Haselnußbüschen unseren Sperrholztomahawk schwangen: Diese besessenen, vom Atem der Geschichte verwitterten Gestalten, die Träume und Obsessionen, die sich so schön auf die weißen Flecken der Landkarten projizieren ließen, das exotische Dekor, das genauso aussieht wie auf den Tuschzeichnungen unserer Jugendbücher. Herzog, so scheint es, hat sich einen Kindheitstraum erfüllt, mit Kinski und Peru, schimmernder Rüstung und Amazonas, viel Geld und vielen Skandalen. Es lohnt sich, das Kriegsbeil der Kindheit auszugraben und den Zorn Gottes, Aguirre, agieren zu sehen.«

In der »Süddeutschen Zeitung« schrieb Siegfried Schober über den Film: »Wer den Film im Fernsehen gesehen hat und dazu noch in Schwarzweiß, hat ziemlich wenig gesehen und dazu noch Verfälschtes. Was im Fernsehen eine stumpf abrollende Postkartenreihe war, entfaltet und weitet sich auf der Kinoleinwand plötzlich zu einem farbenprächtigen, körpergewaltigen Bewegungsgemälde, tief atmend, heftig berührend, der Dschungel, der Himmel, der Strom, die Menschen. Mit Leib und Seele nimmt man teil an dem wahnwitzigen Abenteuerunternehmen, das *Aguirre* zeigt und selbst bei der Herstellung war, und man nimmt auch teil mit empfindsamem, geschärftem Bewußtsein, dies nach dem anfänglichen Zittern und Beben immer mehr. Denn das ursprüngliche Abenteuer, das zunächst so nah und unberührt und verführerisch erscheint, daß man es als Zuschauer ganz in sich hineinsaugen möchte, entwickelt sich Schritt auf Schritt von der naiven Erfahrung zu einem Bewußtsein von Abenteur, das keinen sicheren Grund und Horizont mehr hat, ein Treiben, Sehnen, Kreisen, Strudeln ist, gezeichnet von Wahn und Bruch, von Lähmung und Zerrissenheit befallen. Das Abenteuer abenteuert nicht, das ist der bittere Kern in der fruchtigen Schönheit dieses Films. Aguirre, dieser wahnsinnige und gnadenlose Amazonasfahrer und Eroberer um 1560, das sagenhafte Goldland Eldorado suchend und besessen von der Vorstellung, Geschichte zu inszenieren, wie man Stücke auf dem Theater inszeniert, ist eine bös-lächerliche Figur. Der von Herzog gebändigte und dabei manchmal beängstigend aus den Nähten platzende Kinski verkörpert ihn genau richtig als einen windigen, doch hemmungslosen Diktator, der nicht in den glänzenden Kinohimmel gehen wird, sondern von Herzog so banal und handfest vorgeführt wird, daß man ihn ständig auf die Finger und in den Kopf schauen kann. In einem Hollywoodfilm stünde im Mittelpunkt, wie sich ein unmenschlicher, doch großer Mann ruiniert, an seiner Vision zerbricht, bei Herzog geht es darum, wie ein kleiner, von Macht- und Ruhmgier wie mit Dynamit geladener Narr eine ohnmächtige, unterdrückte Menschengemeinschaft vor die Hunde gehenläßt. So ist denn auch das Beunruhigendste, was der Film hinterläßt, die Frage, warum sich diese Menschen nicht gegen Aguirre aufgebäumt haben, warum sie dem wahnsinnigen Treiben auf dem Strom durch den Dschungel keine Ende setzten. Wir kennen die Antwort aus dem Film: Gold, Posten, Weiber, das lockte, das sollte der Lohn sein – trotzdem läßt sich die Frage nicht verscheuchen. Hollywood wiederum hätte uns besänftigt, ein Schicksal inszeniert, das entweder mit Belohnung oder in Tragik geendet hätte. Die totale Sinnlosigkeit, die Werner Herzog erfahrbar macht, hätte man nicht gewagt. Daß Herzog dies wagte und es schaffte, derart eindringlich und überzeugend die Schönheit mit Klarheit und das Abenteuer mit der Sinnlosigkeit zu zeigen, die phantastische Amazonasfahrt radikal als vergeblichen Raubzug durch ein Paradies, das selber fraglich ist, darzustellen, als leere Fahrt ohne Gloria, deren Schönheit und Reiz trotz visueller Nähe in immer unerreichbarere und schrecklichere Ferne rücken, macht *Aguirre* zu einem wirklich neuen Abenteuerfilm, zu einem, der dieses wunderbare, aber längst darniederliegende Genre so auf die Beine stellt, daß es wieder lebt und nicht mehr lügt.«

Herzog selbst sagte zu *Aguirre*: »Es ist ein Film, der sehr viel stärker von der Oberfläche her lebensfähig ist als meine anderen.«

Kinski selbst sagte noch während der Aufnahmen zu *Aguirre* in Peru, er hätte Herzog den Piranhas vorwerfen können, heute hat sich diese anfängliche Meinung grundlegend verändert: »Mit Werner verstehe ich mit telepathisch.«

Bei *Nosferatu – Phantom der Nacht* bot sich für Klaus Kinski ein anderes Phänomen, denn es blieb ihm nichts anderes übrig, als in die Tradition der Dracula-Darsteller aufgenommen zu werden, zu denen Max Schreck und Bela Lugosi in erster Linie zählen, dann aber auch Christopher Lee, Udo Kier, John Carradine und Lon Chaney jr. Dracula als eine Inkarnation des Bösen in seiner Spezialkartei zu führen, war für Kinski uninteressant: »Im Gegenteil«, sagte der Schauspieler, »Dracula ist für mich gar kein hundertprozentiger Bösewicht, sondern eine zwiespältige Persönlichkeit, die Gut und Böse in sich vereint. Eine tragische Figur, die genauso Mitleid wie Abscheu verdient. Ausgestoßen aus der menschlichen Gesellschaft, trägt er jahrhundertelang die ungestillte Todessehnsucht mit sich herum: ›Der Tod ist nicht alles. Es ist grausamer, nicht sterben zu können.‹ Dazu eine zweite Sehnsucht: geliebt zu werden, jemandem Liebe geben zu können.« Liest man in Kinskis Biografien, dann fällt geradezu diese Dracula-Sehnsucht heraus, die auch Kinski aufs tiefste berührte, denn der Mensch Kinski sagte: »Ich brauche Liebe! Liebe! Immerzu. Und ich will Liebe geben, weil ich zuviel davon habe. Niemand begreift, daß ich nichts anderes will, als mich zu verschwenden.«

Nosferatu, von vielen für Herzogs schwächste Kinoarbeit gehalten, war jedoch dessen erste internationale Produktion, mitfinanziert von der Pariser Gaumont und weltweit vertrieben von der amerikanischen 20th Century-Fox, was schließlich dafür sorgte, Herzogs größter kommerzieller Kinoerfolg zu werden.

Hielt sich Herzog bei *Nosferatu* sehr eng an das Vorbild des Films von Friedrich Wilhelm Murnau, so liegt ihm auch bei *Woyzeck* an werkgetreuer Übertragung auf die Kinoleinwand. Für *Woyzeck* brauchten Herzog und Kinski lediglich knapp drei Wochen. Die Schauspielerin Eva Mattes, Kinskis Partnerin in der Rolle der Marie, äußerte sich über *Woyzeck*, Herzog und Kinski: »Für mich hat dieser Stoff (von Büchner) eine beklemmende Aktualität. Wenn wir uns aufmerksam umschauen, sehen wir, daß sich die Geschichte von Woyzeck und Maria auch heute täglich wiederholt. Noch immer können wir nicht genügend mit uns selbst und unseren Partnern umgehen; noch immer haben sich die sozialen Strukturen, die Woyzecks Handeln bestimmen, nicht fundamental geändert. Da liegt einerseits die Aktualität des Stoffes und andererseits die Provokation, die er in sich birgt. Im Grunde sind wir aufgefordert, eine Wiederholung des Falles Woyzeck verhindern zu helfen. Erst wenn einige Dinge in Frage gestellt und überwunden werden, andere Werte entwickelt sind, wird die Geschichte von Franz und Marie wirklich zu Ende sein ...«

»... Werner Herzog hat ein sehr genaues Gefühl für die Stoffe, die er bearbeitet. Mit traumwandlerischer Sicherheit wählt er die Einstellungen, dirigiert die Bewegungen. Er denkt in genau den Bildern, die er für den Film entwirft. Klaus Kinski ist die darstellerische Ergänzung zu Herzog. Ich kenne keinen

*Klaus Kinski als Graf Dracula in Werner Herzogs Film ›Nosferatu –
Phantom der Nacht/Nosferatu, fantôme de la nuit‹ (1978).*

Schauspieler, der sich derart intensiv in einer Rolle einbringt,
der sie nicht spielt, sondern lebt.«

Nach dem *Fitzcarraldo*-Film, der wieder von Herzog allein
produziert wurde (mit einem Aufwand von 11 Millionen DM),
nahm Klaus Kinski in dem französischen Film *L'ombre du loup*
(Der Schatten des Wolfes, 1981) die Rolle eines taubstummen
Gärtners an, der sich zunächst väterlich, dann auch erotisch des
von ihren Eltern vernachlässigten dreizehnjährigen Mädchens
an und entwickelt innerhalb der Handlung des Films zu dem
Kinde ein zartes Liebesverhältnis.

Venom (Die schwarze Mamba, 1981), von Martin Bregman
produziert und von Zeffirelli-Schüler Piers Haggard inszeniert,

wurde wieder ein reiner Hollywoodfilm mit international bekannter Besetzung: Sterling Hayden, Sarah Miles, Oliver Reed und Kinski in der Rolle des Jacmel.

Philip (Lance Holcomb), ein zehnjähriger Junge, liebt Schlangen. Sein Großvater, Howard Anderson (Sterling Hayden), war einmal ein berühmter Großwildjäger in Afrika und steckte dadurch seinen Enkel mit seiner Begeisterung für exotische Tiere an. Für sein Bestiarum bestellt Philip bei Löwenthal Importing Company eine harmlose afrikanische Hausschlange. Das Paket, das die Schlange enthält, wird zu dem vornehmen Haus in Londons Reichenviertel geliefert, wo Philip derzeit allein mit seinem Großvater lebt. Philips Eltern sind auf Urlaubsreise in der Schweiz.

In der Lagerhalle des Importeurs wurden allerdings die Pakete verwechselt. Frau Dr. Marion Stowe (Sarah Miles) vom Institut für Toxikologie erhält statt der bestellten Mamba eine harmlose Hausschlange, und sofort wird ihr klar, was geschah: Die Mamba muß an irgendeinen ahnungslosen Empfänger geliefert worden sein. Menschen befinden sich also in höchster Lebensgefahr.

Aber noch eine andere Gefahr wartet auf Philip und seinen Großvater: Gemeinsam mit den Hausangestellten Louise (Susan George) und Dave (Oliver Reed) plant der international operierende Berufskriminelle Jacmel (Kinski) die Entführung von Philip. Jacmel versucht, den Großvater aus dem Haus zu locken, damit seine Komplizen den Jungen kidnappen können. Da trifft das Paket im Haus ein und Louise, nervös über die Störung, reißt es auf, und die Mamba schnellt hervor. Für Louise gibt es keine Rettung mehr – unter gräßlichen Schmerzen stirbt sie wenig später.

Irgendwo im Haus lauert jetzt die tödlichste Schlange dieser Welt. Und vor dem Haus wartet der verbrecherische Jacmel auf den Jungen. Als schließlich ein Polizist sich dem Haus nähert, um Nachforschungen über den Verbleib des verwechselten Paketes anzustellen, denkt Dave, der Plan des Kidnapping sei aufgeflogen. Er öffnet die Tür und erschießt den Polizisten.

Die dramatischen Ereignisse spitzen sich zu, denn Großvater und Enkel befinden sich im Keller des Hauses in der Hand Jacmels. Die Polizei umstellt das Haus, schließlich wird auch noch die Wissenschaftlerin Dr. Stowe ins Haus gelockt und ist in den

Klaus Kinski in Hollywood: ›Venom‹ (Die schwarze Mamba, 1981). Wei-
tere Hauptdarstellerin: Sarah Miles.

Händen der zu allem entschlossenen Verbrecher. Man kann sich unschwer vorstellen, daß Bösewicht Kinski ein schreckliches Ende in diesem Film zu erwarten hatte.

Der bislang letzte Film mit Klaus Kinski, der 1982 in unsere Kinos gelangte, trägt den Titel *The Soldier* (Der Söldner) und wurde von James Glickenhaus mit Newcomer Ken Wahl *(Fort Apache – The Bronx*, 1981) produziert und inszeniert. Obwohl auf den Filmplakaten groß angekündigt, hat Kinski in *The Soldier* nur einen kleinen Auftritt in seiner Rolle als Leoniff Dracha. Kinskis Szenen wurden im Skigebiet in und um St. Anton am Arlberg gedreht, wo man nicht so recht weiß, welcher Seite er tatsächlich angehört, den KGB-Agenten oder dem CIA. Seinem Image als Leinwandbösewicht wurde er hier in *The Soldier* jedenfalls wieder einmal gerecht

Mit nur ein paar wenigen Filmen scheint sich Klaus Kinski mittlerweile vollends in Hollywood etabliert zu haben. Gleichgültig, wo der Schauspieler auch sein Domizil hin verlegen würde, er fände in seinem Beruf umgehend Beschäftigung. Das war in Deutschland so, wo die zahlreichen Edgar-Wallace-Verfilmungen frühen Leinwandruhm sicherten, setzte sich in Italien in den ebenso zahlreichen Spaghetti-Western fort, ließ in Frankreich aus Kinski einen seriösen Schauspieler werden und führte zu einer genialen Verbindung mit Werner Herzog.

Ein Buch über Klaus Kinski mit einem Schlußwort zu verabschieden, mag gewagt erscheinen, denn im allgemeinen bedeutet dies, daß die Karriere eines Schauspielers mehr oder weniger abgeschlossen ist, beendet ist.

Kinskis Karriere ist weit davon entfernt, am Ende angelangt zu sein, und zwar aus dem einfachen Grunde, weil er niemals so etwas wie eine »Karriere« gemacht hat. Es gibt eine Filmografie im Zusammenhang mit Kinski, die aber steht wieder auf einem anderen Blatt ... Von seinen Anfängen in deutschen Kriminalfilmen bis zum Italo-Western, vom anspruchsvollen französischen Kino bis hin zu den Werken Werner Herzogs und den ersten Einsätzen in den USA scheint alles den Beweis dafür zu erbringen, daß Klaus Kinski niemals einem eindeutigen Weg gefolgt ist. Als er begann, Filme zu machen, hatte er keineswegs ein fest umrissenes Ziel vor Augen. Der Zufall wollte es, daß dieses Buch mit den Filmen *Buddy Buddy*, *Venom* und *The Soldier* endet.

›The Soldier‹ (Der Söldner, 1982), produziert und inszeniert von James Glickenhaus. Hauptdarsteller ist hier allerdings Ken Wahl, Paul Newmans Partner aus ›Fort Apache – The bronx‹. Wenn das Filmplakat Klaus Kinski unmittelbar nach Ken Wahl nennt, so kann das nur bedeuten, daß Kinski auch hier wieder die Attraktion des Films ist, denn seine Rolle könnte man höchstens als einen »Gastauftritt« bezeichnen.

Der Schauspieler Klaus Kinski ist ein Alleskönner. Es gibt wohl keine Art von Film, in der er nicht mitgespielt hätte, ob es Low-Budget-Filme waren oder amerikanische Superproduktionen in Hollywood, großangelegte Produktionen in Großbritannien (*Doctor Zivago*) oder bundesdeutsche Filme der fünfziger Jahre, über die heute nur noch selten gesprochen wird. Immerhin hat er für eine ganze Reihe namhafter Regisseure gearbeitet, die auf ihre Weise Filmgeschichte gemacht haben, um nur ein paar wenige zu nennen: Anatole Litvak, Helmut Käutner, Fritz Kortner, Wolfgang Liebeneiner, Douglas Sirk, Alfred Vohrer, Curd Jürgens, Sergio Leone, David Lean, Damiano Damiani, Sergio Corbucci, Robert Siodmak, Jean Delannoy, Werner Herzog, Andrzej Zulawski, Just Jaeckin, Georges Lautner und Billy Wilder. Doch darüber hinaus hat Kinski noch mehr Gesichter anzubieten, von denen man immer noch weiß: In der Bundesrepublik Deutschland hat er mehr als fünfundvierzig Schallplatten aufgenommen, auf denen er Villon und Rimbaud rezitiert, er hat in allen nur erdenklichen Stücken auf der Bühne gestanden und ist mit jenem berühmten »Neuen Testament« aufgetreten, das er selbst bearbeitet hatte. Er hat sich in Italien sogar für Fotoromane verdingt, die ein einträgliches Geschäft sind, ohne es je verleugnet zu haben ... Kinski hat wirklich ALLES gemacht.

Kinski ist das, was man mit dem Wort PROFI umschreibt, eine sehr seltene und offenbar im Aussterben begriffene Erscheinung innerhalb des europäischen Films. Wie auch die amerikanischen Schauspieler, so ist Kinski einer, der mit allen Wassern gewaschen ist, mit denen man in seinem Business in Berührung kommen könnte, und er beherrscht sämtliche Tricks und Kniffe seines Metiers.

Er selbst behauptet zwar immer wieder, dieses Metier zu verabscheuen, dennoch gelingt es ihm nicht, davor auszureißen und sich auf sein Schiff zu flüchten, das er »Ship Under God« taufte. »Es gibt noch so viele Dinge zu tun«, meint er, so viele Träume wollen noch verwirklicht werden, Projekte, die das Leben Paganinis oder Vincent van Goghs zum Thema haben, etwas, das ihm schon seit über zwanzig Jahren im Kopf herumgeistert.

Die Tatsache, daß Kinski ein wirklicher »Schöpfer« ist, hat ihn davor bewahrt, seinem Metier gegenüber abgestumpft zu werden. Auch nach fünfunddreißig Jahren Filmarbeit ist sein Enthusiasmus ungebrochen, und er ist nach wie vor mehr als bereit, neue Erfahrungen zu sammeln. Er spricht von Projekten mit Milos Forman, mit Ingmar Bergman, mit Sergio Leone und immer wieder mit Werner Herzog; jedwede Filmtitel werden ins Gespräch gebracht, die alle nur darauf warten, konkrete Gestalt anzunehmen, wie etwa eine Neuverfilmung von Fritz Langs *M – Eine Stadt sucht einen Mörder* oder *Das Kabinett des Dr. Caligari*, der ein aufwendiger amerikanischer Abenteuerfilm werden soll.

Wenn Kinski diese Filme dreht (und selbst, wenn es sich um andere handeln sollte), wird sein Leben als Schauspieler wieder einmal eine neue Wende nehmen, und deshalb ist es unmöglich, Abschließendes über Kinski zu sagen.

Es gibt viele gute Schauspieler, es gibt sogar einige, die genial sind, doch es gibt nur einen Kinski. In der Art, wie er sein Metier ausübt, wie er sich ganz mit der jeweilig anstehenden Rolle identifiziert, ist Kinski einmalig, ein Schauspieler ohne annähernd vergleichbare Vorgänger.

Aus diesem Grunde auch war es stets unmöglich, Kinski mit einem ganz bestimmten Etikett zu versehen und je nach Bedarf aus einer entsprechenden Schublade zu ziehen. Kein Begriff scheint auf ihn zu passen, jedes Wort ist entweder zu klein oder zu groß für ihn: Er ist nicht der große Schauspieler, und er lehnt auch das Wort »Spielen« im Zusammenhang mit seinen Filmrollen ab; selbst die Bezeichnung »Genie« gefällt ihm nicht. Er ist Kinski.

Beim Rückblick auf seine Vergangenheit als Filmschauspieler meint er ironisch: »Heutzutage erinnert sich kein Mensch mehr an all diese Filme, und doch ist das einzige, was die Journalisten und die Filmfans offenbar interessiert, herauszufinden, ob ich hundert, hundertvierzig oder hundertsechzig Filme gedreht habe.«

Werner Herzog griff da ein wenig daneben, als er nach *Fitzcarraldo* die Zahl 170 nannte, 100 sind es schon lange nicht mehr, und beim besten Willen bringe ich einschließlich des Films *The Soldier* nicht mehr als einhundertvierunddreißig Titel zusammen. Viel mehr werden es nicht sein, zwei oder drei vielleicht.

Wenn er, Kinski, heutzutage seine Filmografie durchblättert, ist er selbst aufrichtig erstaunt: Er erinnert sich weder an die Titel noch an die Namen: »Ich habe dabei mit so vielen Italienern zu tun gehabt, deren Namen mit *ini* oder *zelli* oder *zini* enden!« Ja, er erinnert sich nicht einmal an irgendwelche Gesichter. Vergangenheit ist eben Vergangenheit, Vergangenes ist eben vergangen. Nur die Gegenwart und die Zukunft zählen.

Die Gegenwart ist Hollywood. Die Zukunft besteht in jenen Projekten, von den bereits gesprochen wurde. Gegenwart und Zukunft zugleich ist für Kinski auch Nanhoi, sein kleiner Sohn. Zukunft bedeutet aber auch für ihn, mit wachsendem Interesse die Karrieren seiner Töchter Pola und Nastassja zu beobachten, die sich so unterschiedlich voneinander vollziehen.

Kinski, mit seiner schwer definierbaren und kaum zu fassenden Persönlichkeit, ist ein gleichsam überlebensgroßer Schauspieler, der in der Geschichte des Films sicherlich einen Werdegang hinter sich hat, wie er seltsamer, aber auch fruchtbarer nicht hätte sein können.

Niemand weiß, was das Schicksal noch mit ihm vorhat. Vielleicht wird er ein amerikanischer Superstar, vielleicht führt er in Frankreich Regie (gewiß nicht in Deutschland), vielleicht trifft er auf Ingmar Bergman, vielleicht verliert er sich auch mit seinem Schiff auf den Weiten der Ozeane. Auch Kinski selbst weiß darauf keine Antwort zu geben: Es hängt ganz davon ab, was sein Instinkt ihm von einem Moment zum anderen eingeben wird.

Werner Herzog hat es richtig zu formulieren verstanden: Kinski ist unberechenbar. Unter anderem ist es dies, was diesen Menschen so faszinierend macht – je nachdem, wozu er sich entschließen wird, kann dieses Buch in einer Woche, einem Monat oder einem Jahr überholt sein. Sicher ist nur, daß es überholt sein wird ... Deshalb legt dieses Buch über Kinski, das im Jahre 1982 abgeschlossen wurde, auch nicht etwa Zeugnis ab von einer Karriere, sondern versucht eher, manche Dinge zurechtzurücken.

Man hat geglaubt, Kinski könne nicht weitergehen als er dies mit *Aguirre* bereits getan hatte, bis dann *Woyzeck* und *Fitzcarraldo* kamen ... So bleibt uns nur, auf den Film zu warten, mit dem Kinski alles bisher »Gespielte«, alles bisher »Gelebte«, übertreffen wird.

Ende?? Sicherlich nicht.

KAPITEL 9

Abgesang auf einen Exzentriker

Das Ende kam am 23. November in der Dreitausend-Seelen-Gemeinde Lagunitas in der Nähe von San Francisco, wo Klaus Kinski ein kleines, bescheidenes Häuschen bewohnte. Ein Freund der Familie fand ihn unbekleidet, die Bettdecke über den Kopf gezogen, vor. Der herbeigerufene Arzt, Dr. Irvin Gindrich, konnte nur noch sein Ableben feststellen. Auf dem Totenschein, der um 16.30 Uhr ausgestellt wurde, wird als Todesursache Herzinfarkt angegeben. So spektakulär wie Klaus Kinski gelebt hatte, so einsam, friedlich und still war er im Alter von fünfundsechzig Jahren gestorben. Sein Tod gab einem Teil der Presse ein letztes Mal die Gelegenheit, aus dem vollen zu schöpfen. Schlagzeilen wie »Das war Klaus Kinski: wild – wahnsinnig – obszön – genial – besessen«, »1000 Frauen – und keine weint ihm nach«, »Sex, Genie, Wahnsinn – Klaus Kinski, der Zorn Gottes ist tot!« oder »Klaus Kinski: So machte er die Frauen willenlos« zierten die Titelseiten der Boulevardblätter. Schon aus diesen Überschriften wird klar, daß das Massenpublikum seit jeher eher an den privaten Eskapaden Kinskis interessiert war als an dessen darstellerischen Fähigkeiten. Dieser Umstand dürfte dem Schauspieler wohlbekannt gewesen sein. Da er seit den späten siebziger Jahren ohnehin davon überzeugt war, daß niemand sein Genie zu würdigen wisse, nahm er wahllos Rollen an. »Für 100.000 Dollar pro Woche spiele ich alles«, soll er einmal geäußert haben. Aus dem genialen Darsteller war ein besessener Selbstdarsteller geworden.

Sogar seriösen Publikationen, die Klaus Kinski anläßlich seiner Parts in *Aguirre – Der Zorn Gottes, Fitzcarraldo* und *Woyzeck* noch mit ausführlichen, wohlmeinenden Kritiken bedacht hatten, war dessen Tod nur noch kürzere, reißerische Artikel wert. So reduzierte ihn etwa DER SPIEGEL zum »Berufsbösewicht« und »Potenzprotz«, während der STERN schnippisch über den »Erotomanen« und »Sexwahnsinnigen« reimte: »Aus für Klaus.«

Tatsächlich war es in den letzten zehn Jahren um Klaus Kinski relativ still geworden. Immer seltener sorgte er für Schlagzeilen. Wutausbrüche, wie auf den Filmfestspielen in Cannes 1988, wo der Festivalpräsident Gilles Jacob Kinskis Paganini-Film wegen »zuviel pornographischer Szenen« nicht am Wettbewerb teilnehmen ließ, waren eher die Ausnahme denn die Regel. Auch daß der Mime während einer Fernsehshow der Talkmasterin Alida Fischer-Gundlach einen »süßen Po und schöne Beine« attestierte, wurde eher amüsiert als ärgerlich zur Kenntnis genommen.

Selbst auf der Leinwand war Kinski, dessen Filmographie rund hundertfünfzig Werke verschiedenster Qualität – von miserabel (*La creatura del demonia*, 1974, Regie: Attila Pine) bis großartig (*Woyzeck*, 1978, Regie: Werner Herzog) – umfaßt, kaum mehr zu bewundern. Seit 1982 hat der Schauspieler, der in manchen Jahren – etwa 1969 – bis zu vierzehnmal vor der Kamera stand, lediglich in dreizehn Kinofilmen mitgewirkt.

Neun dieser Werke kann man getrost als Abfallprodukte der Filmgeschichte bezeichnen. Der Vollständigkeit wegen seien sie hier kurz erwähnt.

The Secret Diary of Sigmund Freud (1983/84, Regie: Danford B. Greene) ist eine langweilige Komödie über die jungen Jahre des Vaters der Psychoanalyse. Klaus Kinski mimt einen Arzt, der eine Affäre mit der Mutter Freuds hat.

In *The Titan Field* auch *Creature* (1984) versucht sich der Regisseur William Malone an einer billigen Imitation von Ridley Scotts Hit *Alien,* die ihm total mißlingt. Kinski hat als Gaststar mit seinen witzigen Kurzauftritten zumindest die Lacher auf seiner Seite.

Geheimcode Wildgänse (1984) und *Kommando Leopard* (1985), beide von Anthony M. Dawson (so der »Künstlername« des italienischen Regisseurs A. Margheriti) in Szene gesetzt, sind spekulative Action-Filme, die ganz auf den »Star« Lewis Collins – einer Westentaschenausgabe von Dolph Lundgren oder Chuck Norris – zugeschnitten sind. Kurz: viel Blut, viele Explosionen, wenig Logik und ein ergrauter, hämisch grinsender Klaus Kinski, der als Bösewicht schon viel bessere Zeiten gesehen hat.

1985 konnte man Klaus Kinski in dem extrem geschmacklosen und ungereimten Horrorfilm *Killerhaus* (Regie: David Schmoeller) auch noch als irren, rattenzüchtenden Mediziner bestaunen, der die Besucher seiner Untermieterinnen umzubringen pflegt und einzelne Organe, wie Zunge und Augen, in Einmachgläsern aufbewahrt. Grund für seine Tötungssucht ist der Umstand, daß sein Vater ein KZ-Arzt und Judenmörder war.

Klaus Kinski spielt 1984 in der Erwin-C.-Dietrich-Produktion ›Geheim-code Wildgänse‹ die Rolle des ›Charlton‹.

Ein Jahr später stellte sich Kinski in den Dienst des spanischen Regisseurs Fernando Colomo, der mit *Star Knight – Der Herr der Sterne* einen Versuch auf dem Gebiet des Fantasy-Films unternahm. Der Film, genau wie die Story um ein Raumschiff, das im Mittelalter landen muß und für einen Drachen gehalten wird, stürzte – trotz der guten Besetzung mit Harvey Keitel und Fernando Rey – völlig ab.

Totale Langeweile kommt auf, als Klaus Kinski in Augusto Caminitos *Nosferatu in Venedig* (1987) durch die Lagunenstadt geistert. Als »Horror-Opa« giert er nach frischem Jungfrauenblut, und man fragt sich, warum er seine formidable Leistung aus Werner Herzogs *Nosferatu – Phantom der Nacht* nicht wiederholen kann.

Zu oben genannten (Mach)Werken zählen noch Ulli Lommels

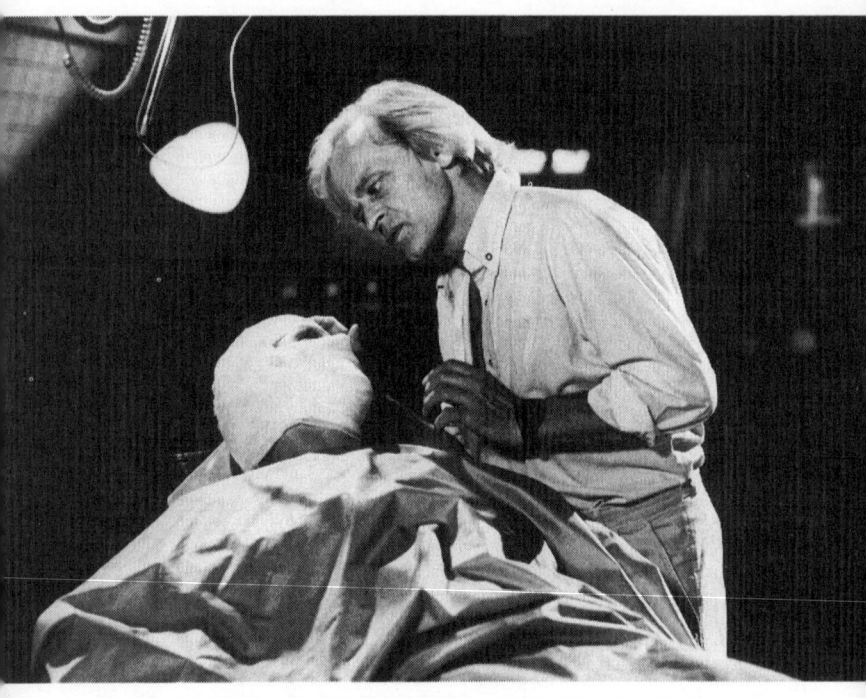

In Aaron Lipstadts ›Der Android‹ (1982) versucht Klaus Kinski als ›mad scientist‹ einen perfekten Kunstmenschen zu schaffen.

The Revenge of Stolen Stars (1984) und Gabriella Rosalevas *Naufragio del galeone grande San Giovanni* (1986). Auf diese Filme einzugehen erübrigt sich, da sie im deutschsprachigen Raum weder im Kino noch im Fernsehen noch auf Video zu sehen waren. Nur vier Filme, in denen Klaus Kinski in seinem letzten Lebensjahrzehnt mitspielte, waren von gewissem künstlerischem Interesse.

1982 spielte er in Aaron Lipstadts Low-low-Budget-Film *Der Android* den verrückten Wissenschaftler (was sonst!) einer Raumstation, der mit künstlichen Menschen (Androiden) experimentiert. Als die Retortengeschöpfe merken, daß die Menschen immer unmenschlicher werden, lehnen sie sich auf und machen sich auf den Weg zur Erde. Lipstadts Weltraumspektakel, das in den Kulissenresten der Roger-Corman-Produktion *Sador – Herrscher im Weltraum* entstand, ist laut Lexikon des Internationalen Films ein »intelligent-witziger Erstlingsfilm; eine interessante Variante zu den Science-fiction-Filmen Hollywoods mit ihren beschwichtigenden Erlösungsbotschaften«.

In *Die Libelle* (1983/84) wird eine englische Schauspielerin mit politischen Ambitionen (Diane Keaton) vom israelischen Geheimdienst angeworben und auf den Führer einer palästinensischen Terroristenorganisation angesetzt. Es gelingt ihr, den Auftrag erfolgreich abzuschließen, sie trägt dabei aber psychische Schäden davon.

George Roy Hills *The Little Drummer Girl* – so der Originaltitel – basiert auf dem gleichnamigen Bestseller von John le Carré.

Klaus Kinski als israelischer Geheimdienstmann versucht in George Roy Hills ›Die Libelle‹, Diane Keaton für seine Zwecke einzuspannen.

Diese fast ganz auf Action ausgerichtete Adaption, in der Klaus Kinski – angenehm zurückhaltend – den israelischen Geheimdienstmann Kurtz verkörpert, versäumt es, den arabisch-israelischen Konflikt differenziert darzustellen. Bodo Fründt merkte in der SÜDDEUTSCHEN ZEITUNG an: »... So bleibt *Die Libelle* bei allem Blut und Tod ein sauberer Film über eine schmutzige Welt.«

Sechs Jahre nach dem Erfolg von *Fitzcarraldo* kam es 1987 zur fünften und letzten Zusammenarbeit zwischen dem manischen Regisseur Werner Herzog und dem exzentrischen Schauspieler Klaus Kinski. *Cobra Verde* erzählt die Geschichte eines armseligen Rinderhirten, der seinem Heimatland Brasilien den Rücken kehrt, um sich den Traum vom besseren Leben zu erfüllen. Nach Abenteuern als Bandit und Plantagenaufseher landet er schließlich als Sklavenhändler in Afrika. Dort avanciert er zum Vizekönig, wird tyrannischer Herrscher eines ganzen Volkes. Doch in seiner unendlichen Gier nach Macht verliert er die Kontrolle über sich selbst und muß, die Rache »seiner« aufgebrachten Untertanen fürchtend, das Land verlassen.

Die Kritik ließ an *Cobra Verde,* der nach Motiven eines Romans von Bruce Chatwin entstand, kaum ein gutes Haar. Differenzierter als die breite Öffentlichkeit, die das Werk kurz als »Cobra Merde« abtat, jedoch eigentlich im selben Tenor, sahen es die Filmjournalisten. Hellmuth Karasek notierte im SPIEGEL: »... und der Film, ..., den es jetzt im Kino zu vermeiden gilt, ist eigentlich nur eines: peinlich und eklig, ein schmutziges Stück Männerphantasie, klappriges Herrenmenschentum, geritten auf der Mähre Kinski.« Auch Andreas Kilb, der Rezensent der Wochenzeitung DIE ZEIT, schlug in dieselbe Kerbe: »... *Cobra Verde* ist die autistische Phantasie zweier Männer, die die krude Welt noch einmal romantisch erlösen wollen. Sie haben zusammen in den Mond geschaut und sich ein falsches, verkitschtes Märchen erträumt. Vielleicht zum letzten Mal.« Und über Kinski: »... aber das ›Weltwunder‹ stürzt diesmal ganz tief, vom Mythos in die Marotte. ›Cobra Verde‹ ist die Tragödie eines lächerlichen Mannes ...« Lediglich Peter Buchka – Hellmuth Karaseks Intimfeind – von der SÜDDEUTSCHEN ZEITUNG kann dem Urwaldspektakel positive Aspekte abgewinnen. Für ihn sind Herzogs Filme »... allemal riesige Steinbrüche, aus denen er mit ungeheuerlicher Anstrengung seine Bilder schlägt von extremen Landschaften und extremen Menschen«. Sogar Herzogs haßgeliebter Protagonist

Klaus Kinski in der Titelrolle von Werner Herzogs ›Cobra Verde‹.

wird gelobt: »... *Cobra Verde* hat einen zweiten Schöpfer: den Hauptdarsteller Klaus Kinski ... Kinski tut weit mehr, als man einem Schauspieler gewöhnlich zumuten kann. Er zeigt damit, daß er Herzog, ..., und dessen Ästhetik begriffen hat.«

Seit 1971 geistert der Teufelsgeiger Niccolo Paganini (1782–1840) in Kinskis Kopf herum: »Ich muß einen Paganini-Film machen. Paganini ist die Verkörperung des Genies. Seine Musik ist wie Rauschgift, ist klingender Sex.« Er hielt den Musiker für sein »Alter ego«. Auch der Geiger war ein Weiberheld, kannte keine moralischen Schranken oder Furcht vor eifersüchtigen Ehemännern. Aber erst 1987 konnte Kinski mit der Realisierung seines Traumprojekts beginnen. Er hatte ein Drehbuch verfaßt, sich selbst die Hauptrolle übertragen und – wegen der totalen Kontrolle – auch erstmals die Regie übernommen. In Nebenrollen besetzte er seinen Sohn Nanhoi, er spielt Paganinis abgöttisch geliebten Sprößling Achille, und Debora Caprioglio, seine letzte Geliebte, die er als Statistin in *Nosferatu in Venedig* kennengelernt hatte. Die dralle Italienerin aber nutzte die Popularität Kinskis nur aus, um bekannt zu werden und im Filmgeschäft Fuß zu fassen. Als sie ihr Ziel – durch die Hauptrolle in Tinto Brass' zweifelhafter »Bordell-Hommage« *Paprika* – erreicht hatte, hatte sie den alternden Mimen auch schon vergessen und verlassen.

Daß Kinskis *Paganini* nicht im Wettbewerb von Cannes gezeigt werden durfte, verwundert nicht. Schon während der Dreharbeiten kursierten die wildesten Gerüchte: »Kinski läßt filmen, wie ein schwarzer Kutschengaul dreimal eine brünstige Stute besteigt.« Oder: »Die Liebesszenen zwischen Paganini und der Baronin Helene von Feuerbach machen jedem Porno Ehre.«

Diese wüsten Eskapaden dürften auch der Grund dafür sein, daß das Werk in Deutschland noch nicht zur Aufführung gelangt ist. Alle Versuche von seiten der Verleiher, die pornographischen Szenen etwas zu entschärfen, wurden vom Meister höchstpersönlich abgeschmettert. Doch nun, nach seinem Tod, wird sich gewiß eine Möglichkeit finden, Klaus Kinskis »Schwanengesang« ins Kino zu bringen.

Wer sich nicht nur über die Leinwand ein Bild von Klaus Kinski machen will, dem seien hier noch zwei Bücher des »Enfant terrible« empfohlen. Während Kinski in »Ich brauche Liebe« (Heyne Verlag) detailliert sämtliche Varianten seines Sexuallebens beschreibt, ist »Paganini« (Heyne) das minutiöse, reich bebilderte Protokoll seines Lebenswerkes, das er kurz vor seinem Tod fertigstellen konnte.

Filmographie

Die verwendeten Abkürzungen bedeuten: Al = Aufnahmeleitung; Ba = Bauten, Ausstattung; Bel = Licht, Beleuchtung; BRD = Bundesrepublik Deutschland; DE = Tag der deutschen Erstaufführung; Dek = Dekorationen; DDR = Deutsche Demokratische Republik; DB = Drehbuch; F = Frankreich; GB = Großbritannien; Gl = Gesamtleitung; Hl = Herstellungsleitung; It = Italien; K = Kamera; Kass = Kameraassistenz; Ko = Kostüme; KLtg = künstlerische Leitung; Lz = Filmlänge, Laufzeit; M = Musik; mL = musikalische Leitung; Ma = Masken; P = Produktion, Produzent(en); Pl = Produktionsleitung; Pass = Produktionsassistenz; R = Regie, Spielleitung; Rass = Regieassistenz; S = Schnitt; Sp = Spanien; SpEff = Spezialeffekte; Sy = Synchronisation; T = Ton; V = Verleih in der Bundesrepublik Deutschland.

1. **Morituri.** BRD, 1948. P: Central Cinema Comp. Film GmbH. (CCC-Berlin) R: *Eugen York*. DB: Gustav Kampendonk (nach einer Idee von Artur Brauner). K: Werner Krien. M: Wolfgang Zeller. Pl: Hans Lehmann.
Besetzung: Lotte Koch, Winnie Markus, Hilde Körber, Catja Görna, Josef Sieber, Walter Richter, Carl Heinz Schroth, Siegmar Schneider, Peter Marx, Alfred Cogho, Josef Almas, Ellinor Saul, Ursula Bergmann, Willy Prager, Annemarie Haase, Karl Viebach, Bob Kleinmann, Michael Günther, Erich Dunskus, David Minster, Franja Kamienietzka, Claus (Klaus) Kinski, Gabriele Hessmann.
Lz: 80 Minuten. Deutsche Uraufführungen: 24.9.1948 (Hamburg) und 16.11.1948 (West-Berlin).

2. **Das kalte Herz.** DDR, 1950. P: Defa, Berlin. R: *Paul Verhoeven*. DB: Paul Verhoeven und Dr. Wolf von Gordon (nach dem gleichnamigen Märchen von Wilhelm Hauff). K: Bruno Mondi, Ernst Kunstmann (Farbe). M: Herbert Trantow. Pl: Fritz Klotzsch. Ba: Emil Hasler. Ko: Walter Schulz-Mittendorf. Ma: F.C. Hartmann. T: Karl Tramburg. S: Lena Neumann. Al: Werner Dau. Rass: Franz Barrenstein.
Besetzung: Lutz Moik, Hanna Rucker, Paul Bildt, Paul Esser, Lotte Loebinger, Alexander Engel, Hanns Georg Laubenthal, Karl Hellmer, Walter Tarrach, Eva Probst, Klaus Kinski, Erwin Geschonnek.
V: Panorama-Film.

3. **Decision Before Dawn** (Entscheidung vor Morgengrauen). USA, 1951. P: 20th Century-Fox (Anatole Litvak, Frank McCarthy). R: *Anatole Litvak*. DB: Peter Viertel (nach dem Roman »Call it Trea-

sow« von John Howe). K: Frank (Franz) Planer. M: Max Waxman. KLtg: Ludwig Reiber. S: Dorothy Spencer. Orchestrierung: Edward Powell. T: Maurice de Packh. Technische Beratung: Alfred Bruzlin, Roger Heman, Werner T. Michau, Robert Eby.

Besetzung: Richard Basehart, Gary Merrill, Oskar Werner, Hildegarde Neff (Hildegard Knef), Dominique Blanchar, O.E. Hasse, Wilfried Seyfert, Hans Christian Blech, Helene Thimig, Robert Freytag, Don Devine, George Tyne, Harold Benedict, C.A. Amos, R.M. Armstrong, H.W. Briggs. A.A. Charbonneau, L. Cook, L.E. Dixon, A.H. Eckart, A.C. Evans, D. Kogel, B.L. Hendrickson, S.I. Rice, D.E. McCarthy, F. Slaman, J.E. Stratton, Walter Janssen, Walter Ladengast, Maria Wimmer, Elfe Gerhart, Arno Assmann, Peter Lühr, Adi Lödl, Charles Regnier, Til Kiwe, Werner Fuetterer, Loni Heuser, Klaus Kinski, Jürgen Scheller, Klaus W. Krause, Marianne Koch.

V: 20th Century Fox. LZ: 111 Min.

4. **Kinder, Mütter und ein General.** BRD, 1954. P: Erich Pommer (Intercontinental). R: *Laslo Benedek*. DB: Herbert Reinecker und Laslo Benedek (nach dem Roman von Herbert Reinecker). K: Günther Rittau. M: Werner Eisbrenner. Ba: Erich Kettelhut und Johannes Ott. T: Werner Pohl. S: Anneliese Artelt. Kameraführung: Günter Senftleben. Al: Rudolf Fichtner, Georg Siebert, Pl: H.J. Ewert.

Besetzung: Hilde Krahl, Therese Giehse, Bernhard Wicki, Ewald Balser, Maximilian Schell, Klaus Kinski (= der Leutnant, der nicht mehr lacht), Claus Biederstaedt, Rudolf Fernau, Hans Christian Blech, Ursula Herking, Alice Treff, Marianne Sinclair, Beate Koeprick, Adi Lödel, Dieter Straub, Holger Hildmann, Karl-Michael Kuntz, Walter Lehfeld, Peter Bürger, Alfred Schieske.

V: Schorcht-Film/Bavaria. LZ: 105 Min.

5. **Ludwig II./Ludwig II. – Glanz und Ende eines Königs.** BRD, 1954. P: Conrad von Molo, Wolfgang Reinhardt (Aura-Filmproduktions-GmbH). R: *Helmut Käutner*. DB: Georg Hurdalek und Peter Berneis (nach einer Erzählung von Kadidja Wedekind). K: Douglas Slocombe (TechniColor). M: Richard Wagner (bearbeitet von Heinrich Sudermeister). mL: Kurt Graunke. Ba: Hein Heckroth, Fritz Lück. Musikalische Ausführung: Wiener Symphoniker, Leitung Herbert von Karajan/Kurt Graunke und sein Symphonie-Orchester. Ma: Rai-

Illustrierte
film-Bühne
Nr. 2706

In ›Kinder, Mütter und ein General‹ (1954), seinem vierten Film, spielte Klaus Kinski (rechts) einen »Leutnant, der nicht mehr lacht«. Weitere Hauptdarsteller: Ewald Balser (links), Adi Lödel (Mitte) und Hilde Krahl. Regie: Laszlo Benedek. In weiteren Hauptrollen: Therese Giehse (†), Ursula Herking (†), Claus Biederstaedt, Hans Christian Blech und Maximilian Schell.

mund Stangl und Anita Greil. T: Martin Müller. Entwurf und Kostümausstattung: Ursula Maes. S: Anneliese Roennenbeck. Rass: Erica Balqué. Al: H. Höhn, W. Kieninger. Pl: Herbert Junghanns und Hermann Ludwig. Hl: Conrad von Molo und Wolfgang Reinhardt.

Besetzung: O.W. Fischer, Ruth Leuwerik, Marianne Koch, Paul Bildt, Friedrich Domin, Rolf Kutschera, Herbert Hübner, Rudolf Fernau, Klaus Kinski (= Otto), Robert Meyn, Willy Rösner, Fritz Odemar, Albert Johannes, Hans Quest, Wolfrid Lier, Erik Frey, Erica Balqué, Walter Regelsberger, Horst Hächler, Josef Moosholzer.

V: Bavaria/ Schorcht-Film. Lz: 115 Min.

6. **Um Thron und Liebe/Sarajevo**. Österreich, 1955. P: Wiener Mundusfilm (Alfred Stöger). R: *Fritz Kortner*. M: Wilfried Zillig. K: Heinz Hölscher. Ba: Felix Smetana. Ko: Margarethe Volters. S: Friederike Wieder.

Besetzung: Luise Ullrich, Ewald Balser, Franz Stoss, Hans Thimig, Louis Soldan, Harry Hardt, Hans Unterkircher, Eva Maria Senft, Fritz Eckhardt, Erik Frey, Paul Hörbiger, Karl Bosse, Karl Skraup, Guido Wieland, Alfred Rossmann, Friedrich Domin, Paul Barnay, Wolfrid Lier, Hubert Hilten, Michael Lenz, Klaus Kinski (= Cabrinovic), Otto Kerry, Josef Meinrad, Hugo Gottschlich, Gandolf Buschbeck, Erika Remberg.

V: Europa-Filmverleih. LZ: 95 Min.

7. **Hanussen**. BRD, 1955. P: Arys Nissotti, Pierre O'Connell (Royal). R: *O. W. Fischer, Georg Marischka*. DB: Curt Riess, Gerhard Menzel. K: Helmut (Fischer-) Ashley. M: Hans Martin Majewski. Ba: Robert Herlth, Hermann Warm. T: Martin Müller, S: Wolfgang Wehrum. Al: Wolfgang Kühnlenz, Jürgen Mohrbutter. Gl: Eberhard Klagemann.

Besetzung: O.W. Fischer, Klaus Kinski (= Mirko von Spazier), Liselotte Pulver, Erni Mangold, Marie Dominique, Reinhard Kolldehoff, Hermann Speelmans, Franz Muxeneder, Heli Finkenzeller, Siegfried Lowitz, Werner Finck, Wastl Witt, Ludwig Linkmann, Helmut Qualtinger, Margit Läubli, Walter Ladengast.

V: DFH/ Deutsche London Film. LZ: 95 Min.

8. **Waldwinter**. BRD, 1956. P: Apollo. R: *Wolfgang Liebeneiner*. DB: Werner P. Zibaso und Frank Dilmen (nach dem Roman von Paul

Keller). K: Bruno Mondi (Farbe). M: Peter Igelhoff. Pl: Fritz Hoppe. Al: Bruno Michalk, Willi Mette. Rass: Zlata Mehlers. Ba: Fritz Maurischat, Paul Markwitz. T: Fritz Schwarz. S: Martha Dübber. Ko: Siwaida Rudow-Brosda.

Besetzung: Claus Holm, Sabine Bethmann, Rudolf Forster, Gert Fröbe, Willi A. Kleinau, Helene Thimig, Susanne Cramer, Erica Beer, Klaus Kinski (= Otto Hartwig), Ilse Steppat, Fritz Wagner, Beppo Brem, Margarete Haagen, Otz Tollen, Alexander Engel, Karl Hellmer, Herbert A.E. Böhme, Uwe Witt, Joachim Boldt.

V: DFH / Deutsche London Film. Lz: 97 Min.

9. **Geliebte Corinna.** BRD, 1956. P: Arca-Film. R: *Eduard von Borsody*. DB: Ernst von Salomon, Curt Johannes Braun (nach dem gleichnamigen Roman von Robert Pilchowski). K: Fritz Arno Wagner, Walter Hrich. Ba: Gabriel Pellon, Max A. Bienok. M: Peter Sandloff. Ko: Trude Ulrich. S: Walter von Bonhorst, Margot Jahn. T: Herbert Karwahm, Erwin Tews. Rass: Nina Kadone, Al: Fritz Anton, Hannes Staiger. Ma: Willy Nixdorf, Jette Arlt. Pl: Hajo Wieland. Hl: Heinz Fiebig.

Besetzung: Elisabeth Müller, Hans Söhnker, Hannelore Schroth, Valeri Inkijinoff, Alexander Kerst, Annie Rosar, Klaus Kinski (= Klaus Brockmann), Gerhard Bünte, Hans Tannert, Giselle Vesco, Panos Papadopoulos, Ah Yue Lou, Wolfgang Gruner, Silja Lesny, Olga von Togni, Kurt Lucas, Sigurd Lohde, Nadira.

V: NF/Arca (Berlin-Göttingen). Lz: 100 Min.

10. **A Time To Love and a Time To Die** (Zeit zu leben und Zeit zu sterben). USA, 1958. P: Universal Pictures (Robert Arthur). R: *Douglas Sirk* (Detlef Sierck). DB: Orin Jannings nach dem Roman von Erich Maria Remarque. K: Russell Metty (Farbe, CinemaScope). mL: Miklos Rozsa.

Besetzung: John Gavin, Liselotte Pulver, Jock Mahoney, Don DeFore, Keenan Wynn, Erich Maria Remarque, Dieter Borsche, Barbara Rütting, Thayer David, Charles Regnier, Dorothea Wieck, Kurt Meisel, Agnes Windeck, Klaus Kinski (= Untersturmführer), Alice Treff, Alexander Engel. Sy: Berliner Synchron GmbH. Dialog-Regie: Volker J. Becker. Deutsche Sprecher: Horst Niendorf (Gavin), Axel Monjé (Mahoney), Arnold Marquis (DeFore), Wolf Martinie (Wynn), Robert Klupp (Remarque), Alexander Welbat (David); Liselotte Pulver, Dieter Borsche, Barbara Rütting, Charles Regnier,

Dorothea Wieck, Kurt Meisel, Agnes Windeck, Klaus Kinski, Alice Treff und Alexander Engel sprachen selbst synchron.
V: Universal. Lz: 133 Min.

11. **The Counterfeit Traitor** (Verrat auf Befehl). USA, 1960. P: William Perlberg, George Seaton (Perlsea). R: *George Seaton*. DB: George Seaton (nach einem Roman von Alexander Klein). Ba: Tambi Larsen. K: Jean Bourgoin (Farbe). S: Alma Macrorie. M: Alfred Newman.
Besetzung: William Holden, Hugh Griffith, Lilli Palmer, Wolfgang Preiß, Holger Hagen, Carl Raddatz, Erica Beer, Helo Gutschwager, Werner Peters, Ernst Schröder, Charles Regnier, Klaus Kinski (Kindler), Ingrid van Bergen, Jochen Blume, Peter Capell, Kai Holm, Reinhard Kolldehoff, Preben Neergaard, Sven-Knute Nilsson, John Wittig, Ejner Federspiel, Eric Schumann, Ulf Palme, Eva Dahlbeck. Sy: Berliner Synchron GmbH. Dialogregie: Curt Ackermann. Deutsche Sprecher: Heinz Engelmann (Holden), Alfred Balthoff (Griffith). Die deutschen Darsteller synchronisierten sich selbst.
V: Paramount. Lz: 138 Min. DE: 19.10.1962.

12. **Der Rächer.** BRD, 1960. P: Kurt Ulrich. R: *Karl Anton*. DB: Gustav Kampendonk und Rudolf Cartier (nach dem Roman »The Avenger« von Edgar Wallace). K: Willi Sohm. M: Peter Sandloff. S: Walter von Bonhorst. Ba: Willi A. Herrmann, Curt Stallmach. Gl: Kurt Ulrich.
Besetzung: Heinz Drache, Ingrid van Bergen, Benno Sterzenbach, Klaus Kinski (Dramaturg Lorenz Voss), Siegfried Schürenberg, Ina Duscha, Ludwig Linkmann, Rainer Brandt, Friedrich Schönfelder, Al Hoosman, Franz Otto Krüger, Maria Litto, Rainer Penkert.
V: Europa. Lz: 100 Min. DE: 5.8.1960.

13. **Die toten Augen von London.** BRD, 1961. P: Horst Wendtlandt (Rialto-Film Preben-Philipsen/Prisma). R: *Alfred Vohrer*. DB: Trygve Larsen (nach dem Roman »The Eyes of London« von Edgar Wallace). K: Karl Löb. M: Heinz Funk. Pl: Herbert Sennewald. Gl: Horst Wendlandt.
Besetzung: Joachim Fuchsberger, Karin Baal, Dieter Borsche, Wolfgang Lukschy, Eddi Arent, Adi Berber, Klaus Kinski (= Edgar Strauss), Ann Savo, Harry Wüstenhagen, Bobby Todd, Rudolf Fenner, Hans Paetsch, Ida Ehre, Franz Schafheitlin, Walter Ladengast, Fritz Schröder-Jahn.
V: Constantin. Lz: 98/100 Min. DE: 28.3.1961.

EDGAR WALLACE

Die toten
Augen
von
London

Ein Alfred Vohrer Film

mit

Joachim Fuchsberger
Karin Baal
Dieter Borsche
Wolfgang Lukschy
Eddi Arent
Ann Savo
Harry Wüstenhagen
Adi Berber
und
Klaus Kinski

Regie: ALFRED VOHRER
Drehbuch: TRYGVE LARSEN · Musik: HEINZ FUNK
Bauten: MATTHIAS MATTHIES · Bild: KARL LÖB
Produktionsleitung: HERBERT SENNEWALD
Gesamtleitung: HORST WENDLANDT
Nach dem gleichnamigen Roman von EDGAR WALLACE
(Goldmann's Taschen-Krimi Nr. 181)

PRISMA Eine Prisma-Rialto-Film-Produktion im Verleih der Prisma
Auslandsvertrieb: Exportfilm Bischoff u. Co. GmbH.

*Aus der deutschen Edgar-Wallace-Serie: ›Die toten Augen von London‹
(1961), verfilmt von Alfred Vohrer. Hier ist Kinski schon die Attraktion
des Films. Oben rechts der junge, unten rechts der alte Edgar Wallace.*

14. **Bankraub in der Rue Latour.** BRD, 1961. P: IPA. R: *Curd Jürgens.*
DB: Franz Geiger und Werner Bergold. K: Karl Grupp. M: Charly
Niessen. Liedertexte: Hans Fritz Beckmann. Ba: Peter Scharff. Rass:
Anneliese Artelt. Pl: Werner Roeder. Gl: Helmut Stoldt.
Besetzung: Curd Jürgens, Ingeborg Schöner, Fritz Rémond, Chri-
stiane Nielsen, Peer Schmidt, Klaus Kinski (Autor Bex), Charles
Regnier, Carl Lange, Ursula Herking, Erika von Thellmann, Bum
Krüger, Herbert Weissbach, Tania Corvin, Otto Stern, Almuth Berg,
Helmut Alimonta. Gesang: Inge Brandenburg.
V: Europa. Lz: 93 Min. DE: 21.7.1961.

15. **Das Geheimnis der gelben Narzissen.** BRD, 1961. P: Horst Wend-
landt (Rialto-Film Preben Philipsen). R: *Akos von Rathony.* DB: Ba-
sil Dawson (nach dem Roman »The Daffodil Mystery« von Edgar
Wallace). K: Desmond Dickinson. M: Keith Papworth. T: Bert Ross.
S: Peter Taylor. Ba: Bill Hutchinson und Jim Sawyer. Ma: Stewart
Freebourne und Dick Mills. Al: Philipp Shipway. Gl: Horst Wendt-
landt. Pressefotos: Lothara Winkler.
Besetzung: Joachim Fuchsberger, Sabine Sesselmann, Klaus Kinski
(= Peter Keene), Ingrid van Bergen, Albert Lieven, Jan Hendriks,
Marius Goring, Peter Illing, Walter Gotell, Christopher Lee.
V: Prisma. Lz: 94 Min. DE: 21.7.1961.

16. **The Devil's Daffodil.** GB, 1961. P: Steven Pallos (Omnia Pictures)/
Donald Taylor. R: *Akos von Rathony.* DB: Basil Dawson (nach dem
Roman »The Daffodil Mystery« von Edgar Wallace). K: Desmond
Dickinson. M: Keith Papworth. T: Bert Ross. S: Peter Taylor. Ba:
Bill Hutchinson und Jim Sawyer. Ma: Stewart Freebourne, Dick
Mills.
Besetzung: Albert Lieven, William Lucas, Christopher Lee, Penelo-
pe Horner, Marius Goring, Klaus Kinski, Peter Illing, Walter Gotell.
Lz: 94 Min.

17. **Die seltsame Gräfin.** BRD, 1961. P: Horst Wendlandt (Rialto-Film
Preben Philipsen). R: *Josef von Baky.* DB: Robert A. Stemmle und
Curt Hanno Gutbrod (nach dem Roman »The Stranger Countess«
von Edgar Wallace). K: Richard Angst. M: Peter Thomas. S: Hermann Ludwig. Ba: Helmut Nentwig und Albrecht Hennings. Pl: Herbert Sennewald. Gl: Horst Wendlandt.

Klaus Kinski und Albert Lieven (†) in ›Das Geheimnis der gelben Narzissen‹ (1961), ein Film aus der Edgar-Wallace-Reihe und gleichzeitig die deutsche Fassung von ›The Devil's Daffodil‹ (1961). Regie beider Fassungen: Akos von Rathony.

Besetzung: Joachim Fuchsberger, Brigitte Grothum, Marianne Hoppe, Klaus Kinski, (= Stuart Bresset), Lil Dagover, Edith Hancke, Richard Häußler, Eddi Arent, Rudolf Fernau, Fritz Rasp, Reinhard Kolldehoff, Werner Buttler, Eva Brumby, Albert Bessler, Alexander Engel.
V: Constantin. Lz: 95 Min. DE: 8.11.1961.

18. **Das Rätsel der roten Orchidee/Gangster in London.** BRD, 1962. P: Horst Wendlandt (Rialto-Film Preben Philipsen). R: *Helmuth Ashley*. DB: Trygve Larsen (nach dem Roman »When the Gangs Came to London« von Edgar Wallace). K: Franz Lederle. M: Peter Thomas. S: Herbert Taschner. Ba: Mathias Matthies und Ellen Schmidt. T: Werner Schlagge, Ma: Walter Wegener, Gerda Wegener. Rass: Eva Ebner. Kamerateam: Wolfgang Treu, Ernst Zahrt, Viktor Martinez. Al: Peter Petersen, Lothar Mäder, Hannes Staiger. Pl: Fritz Klotzsch. Gl: Horst Wendlandt.

Besetzung: Marisa Mell, Adrian Hoven, Christopher Lee, Klaus Kinski (= der schöne Steve), Eric Pohlmann, Fritz Rasp, Pinkas Braun, Eddi Arent, Wolfgang Büttner, Christiane Nielsen, Hans Zesch-Ballot, Benno Gellenbeck, Edgar Wenzel, Hans Paetsch, Günther Jerschke, Sigrid von Richthofen, Herbert A.E. Böhme, Horst Breitkreuz, Florent Antony, Lutz Schwiers, H.M. Crayon, Peter Frank, Wilhelm Fricke, Joachim Rolfs, Frank Strass, von Dombrowsky, Charles Pallent, Bert Segatz, F.W. Beckhaus.

V: Constantin. Lz: 84 Min. DE: 2.3.1962.

19. **Der rote Rausch.** BRD 1962. P: Rex Film Bloemer & Co. (Berlin). R: *Wolfgang Schleif*. DB: Hellmut Andics (nach einem Illustriertenroman von Hans Ulrich Horster). K: Walter Partsch. M: Hans Martin Majewski. T: Walter Prokosch. S: Paula Dvorak. Gl: Ernst Müller.

Besetzung: Klaus Kinski (= Martin), Brigitte Grothum, Marina Petrowa, Sieghardt Rupp, Jochen Brockmann, Dieter Borsche, Hans Obonya, Elisabeth Terral, Annemarie Berthé, Edd Stavrjanik, Peter Machac, Christine Ratej, Helmuth Silbergasser, Renate Schmidt, Josef Krastel, Herbert Fux, Walter Regelsberger.

V: Nora. Lz: 88 Min. DE: 24. Mai 1962.

20. **Die Tür mit den sieben Schlössern.** BRD, 1962. P: Horst Wendlandt (Rialto-Film Preben Philipsen). R: *Alfred Vohrer*. Rass: Eva Ebner. DB: Harald G. Petersson und Johannes Kai (nach dem Roman »The Door With Seven Locks« von Edgar Wallace). K: Karl Löb. M: Peter Thomas. Ko: Anneliese Ludwig. T: Bernhard Reichers. S: Carl Otto Bartning. Ba: Helmut Nentwig. Al: Heinz Götze und Manfred Korytowski. Pl: Helmut Ungerland. Gl: Horst Wendlandt.

Besetzung: Heinz Drache, Sabine Sesselmann, Hans Nielsen, Gisela Uhlen, Werner Peters, Pinkas Braun, Jan Hendriks, Klaus Kinski (= Pheeny), Ady Berber, Friedrich Joloff, Siegfried Schürenberg.

V: Constantin. Lz: 95 Min. DE: 22. Juni 1962.

Filmprogramm-Titelseite der »Illustrierten Film-Bühne« zu einem Film von Wolfgang Schleif: ›Der rote Rausch‹ (1962). In den Hauptrollen: Klaus Kinski und Brigitte Grothum.

Illustrierte Film-Bühne
VEREINIGT MIT Illustr. Film-Kurier
Nr. 6146

20 Dpf.

Die Tür
mit den 7 Schlössern

Filmprogramm-Titelseite: ›Die Tür mit den 7 Schlössern‹ (1962), verfilmt von Alfred Vohrer. Die Hauptdarsteller: Heinz Drache (rechts), Sabine Sesselmann (Mitte) und Klaus Kinski.

Illustrierte
film-Bühne
VEREINIGT MIT Illustr. Film-Kurier
Nr. 6270

Das Gasthaus
an der Themse

Filmprogramm-Titelseite zu ›Das Gasthaus an der Themse‹ (1962), ein Horst-Wendlandt-Film in der Regie von Alfred Vohrer. In den Hauptrollen: Klaus Kinski, Brigitte Grothum, Jan Hendriks und Joachim Fuchsberger (v.l.n.r.).

21. **Das Gasthaus an der Themse.** BRD, 1962. P: Horst Wendlandt (Rialto-Film Preben Philipsen). R: *Alfred Vohrer*. DB: Trygve Larsen und Harald G. Petersson (nach dem Roman »The India Rubber« von Edgar Wallace). K: Karl Löb. M: Martin Böttcher. S: Carl Otto Bartning. Ba: Mathias Matthies und Ellen Schmidt. T: Werner Schlagge. Ma: Walter Wegener, Gerda Wegener. Rass: Eva Ebner. Kamerateam: Karl-Heinz Linke, Ernst Zahrt. Al: Peter Homfeld, Lothar Mäder. Pl: Fritz Klotzsch. Gl: Horst Wendlandt.
Besetzung: Joachim Fuchsberger, Brigitte Grothum, Elisabeth Flikkenschildt, Richard Münch, Eddi Arent, Klaus Kinski (= Gregor Gubanow), Jan Hendriks, Heinz Engelmann, Siegfried Schürenberg, Hela Gruel, Rudolf Fenner.
V: Constantin. Lz: 92 Min. DE: 28. September 1962.

22. **Der Zinker.** BRD, 1963. P: Horst Wendlandt (Rialto-Film Preben Philipsen). R: *Alfred Vohrer*. DB: Harald G. Petersson (nach dem Roman »The Squeaker« von Edgar Wallace). Rass: Eva Ebner. K: Karl Löb (UltraScope). M: Peter Thomas. Ko: Hannelore Wessel. T: Clemens Tütsch. Ba: Herbert Kirchhoff und Walter Kutz. Ma: Willi Nixdorf und Charlotte Kersten-Schmidt. Al: Wolfgang Kühnlenz und Hans Johansen. Pl: Fritz Klotzsch. S: Hermann Haller. Kamerateam: Ernst Zahrt, Joachim Gitt. Pass: Leif Feilberg. Gl: Horst Wendlandt.
Besetzung: Heinz Drache, Barbara Rütting, Günther Pfitzmann, Eddi Arent, Klaus Kinski (= Tierpfleger Krischna), Jan Hendriks, Agnes Windeck, Inge Langen, Wolfgang Wahl, Siegfried Schürenberg, Albert Bessler, Stanislav Ledinek, Siegfried Wischnewski, Heinz Spitzner.
V: Constantin. Lz: 89 Min. DE: 26. April 1963.

23. **Die schwarze Kobra.** Österreich, 1963. P: Wiener Stadthalle. R: *Rudolf Zehetgruber*. DB: Roman Schliesser und Rudolf Zehetgruber. K: Hans Jura. M: Heinz Neubrand. Gl: Adolf Eder. Pl: Wolfgang Birk. Al: Felix Fohn, Erich Tomek. Ba: Wolfgang Witzemann. Ko: Klara Zichy. T: Oskar Nekut. S: Paula Dworak.
Besetzung: Adrian Hoven, Ann Smyrner, Paul Dahlke, Wolfgang Preiß, Klaus Kinski (= Koks-Charly), Hans Richter, Peter Vogel, Emmerich Schrenk, Klaus Löwitsch, Marianne Schönauer, Raoul Retzer, Herbert Fux, Günther Meissner, Terry van Ginderen, C.W. Fernbach, Michel Ujevic, Ady Berber, Hilde Wagener.
V: Nora. Lz: 96 Min. DE: 17. Mai 1963.

Filmprogramm-Titelseite aus der Edgar-Wallace-Film-Serie: ›Der Zinker‹ (1963), von Alfred Vohrer inszeniert. Die Hauptdarsteller zeigt diese Filmprogramm-Titelseite: Heinz Drache, Inge Langen und Klaus Kinski (als Tierpfleger Krischna).

24. **Der schwarze Abt.** BRD, 1963. P: Horst Wendlandt (Rialto-Film Preben Philipsen). R: *Franz Josef Gottlieb*. DB: Johannes Kai und F. J. Gottlieb (nach dem Roman »The Black Abbott« von Edgar Wallace). K: Richard Angst (UltraScope). M: Martin Böttcher. S: Hermann Haller. Ba: Wilhelm Vorwerg und Walter Kutz. Ma: Willi Nixdorf. Rass: Thomas Grimm. Al: Wolfgang Kühnlenz, Erwin Stolle. T: Clemens Tütsch. Hl: Erwin Gitt. Gl: Horst Wendlandt. Kamerateam: Rudolf Sandtner, Wolfgang Hofmann.
Besetzung: Joachim Fuchsberger, Dieter Borsche, Grit Böttcher, Charles Regnier, Eddi Arent, Werner Peters, Klaus Kinski (= Butler Thomas / Mr. Tortoona / Slizer), Eva-Ingeborg Scholz, Harry Wüstenhagen, Friedrich Schoenfelder, Alice Treff.
V: Constantin. Lz: 88 Min. DE: 5. Juli 1963.

25. **Das indische Tuch.** BRD, 1963. P: Horst Wendlandt (Rialto-Film Preben Philipsen). R: *Alfred Vohrer*. DB: Georg Hurdalek und Harald G. Petersson (nach dem Roman »The Case of the Frightened Lady« von Edgar Wallace). K: Karl Löb (UltraScope). M: Peter Thomas. Ko: Hannelore Wessel. T: Clemens Tütsch. S: Hermann Haller. Ba: Wilhelm Vorwerg und Walter Kutz. Ma: Willi Nixdorf und Charlotte Karsten-Schmidt. Al: Wolfgang Hantke und Hans-E. Junkersdorf. Pass: Siegfried Mews. Gl: Horst Wendlandt.
Besetzung: Heinz Drache, Corny Collins, Klaus Kinski (= Peter Ross), Hans Nielsen, Gisela Uhlen, Siegfried Schürenberg, Hans Clarin, Elisabeth Flickenschildt, Eddie Arent, Richard Häußler, Alexander Engel, Ady Berber, Barbara Rütting, Jan Hendriks.
V: Constantin. Lz: 86 Min. DE: 13. September 1963.

26. **Scotland Yard jagt Dr. Mabuse.** BRD, 1963. P: CCC (Artur Brauner). R: *Paul May*. DB: Ladislas Fodor (nach einem Roman von Bryan Edgar Wallace). K: Nenad Jovicic. M: Rolf Wilhelm. Ba: Hanns H. Kuhnert, Albrecht Hennings. S: Walter Wischniewsky. Al: Erwin Dräger, Felix Siebenrogg. Hl: Heinz Willeg. Gl: Artur Brauner.
Besetzung: Peter van Eyck, Sabine Bethmann, Dieter Borsche, Werner Peters, Wolfgang Preiß, Klaus Kinski (= Joe Rank), Agnes Windeck, Ruth Wilbert, Hans Nielsen, Wolfgang Lukschy, Albrecht Schoenhals, Gerd Wiedenhofen, Anneliese Würtz, Sigurd Lohde, Walter Rilka, Albert Bessler.
V: Gloria. Lz: 90 Min. DE: 20. September 1963.

Dieter Borsche (†) und Klaus Kinski in ›Der schwarze Abt‹, einem Film aus der deutschen Edgar-Wallace-Serie, den Franz Josef Gottlieb 1963 nach dem Roman »The Black Abbott« verfilmte.

27. **Das Geheimnis der schwarzen Witwe/Arana Negra.** BRD/Sp, 1963. P: International Germania/Procusa. R: *Franz Josef Gottlieb*. DB: Rolf und Alexandra Becker, Franz Josef Gottlieb, José Maria Otera, José Luis Garner (nach einem Roman von Louis Weinert-Wilton). K: Godofredo Pacheco (Gottfried Pacheco), Rudolf Sandner (UltraScope). M: Martin Böttcher, Anton P. Olea (Antonio Perez Olea). Hl: Alfons Careasona.
Besetzung: O.W. Fischer, Karin Dor, Klaus Kinski (= Boyd), Werner Peters, Doris Kirchner, Eddi Arent, Claude Farell, Georges Rigaud, Gabriel Lopart, Thomas Blank, Josef Kaßarell, Fernando Sancho.
V: Constantin. Lz: 100 Min. DE: 20. November 1963.

Die Hauptdarsteller von ›Scotland Yard jagt Dr. Mabuse‹ (1963), ein Artur-Brauner-Film, den Paul May inszenierte: Walter Rilla (†), Dieter Borsche (†), Wolfgang Lukschy, Peter van Eyck (†) und Klaus Kinski (unten)..

Filmprogramm-Titelseite: ›Piccadilly Null Uhr zwölf‹ (1963) von Rudolf Zehetgruber. Klaus Kinski (rechts) in der Rolle des Whity.

28. **Piccadilly Null Uhr zwölf.** BRD, 1963. P: Divina. R: *Rudolf Zehetgruber*. DB: Francis Durbridge, Rudolf Zehetgruber (nach einem Roman von Francis Durbridge). K: Hans Jura. M: Russell Garcia. Ba: Ernst Albrecht, Max Vorwerg. S: Liselotte Cochins. Pl: Rudolf Gürlich. Gl: Eberhard Meichsner.
Besetzung: Hanns Lothar, Camilla Spira, Helmut Wildt, Ann Smyrner, Klaus Kinski (= Whity), Marlene Warrlich, Pinkas Braun, Karl Lieffen, Camilla Spira, Rudolf Fernau, Kurt Zips, Dieter Eppler, Stanislav Ledirok, Franz Liefka, Ilja Richter, Conny Rux.
V: Gloria. Lz: 94 Min. DE: 31. Dezember 1963.

29. **Kali-Yug, Déesse de la vengeance/Kali-Yug, la dea della vendetta/ Kali-Yug – Die Göttin der Rache.** F/It/BRD, 1963. P: Critérion/Serena/Eichberg-Film. R: *Mario Camerini*. DB: Guy Elmes, Leo Benvenuti, Piero de Bernardi (nach Robert Westerby). K: Aldo Tonti, Luigi Kuveiller (Farbe). M: Angelo Francesco Lavagnino.
Besetzung: Paul Guers, Senta Berger, Lex Barker, Sergio Fantoni, Claudine Auger, Ronaldo Lupi, Paul Muller, Ian Hunter, Klaus Kinski (= Saddhu).
V: Interfilm. Lz: 100 Min. DE: 21. Februar 1964.

30. **Il misterio del tempio indiano/Kali-Yug II/Le mystère du temple hindou/Kali-Yug – Aufruhr in Indien.** It/F/BRD, 1963. P: Serena/Critérion/Eichberg-Film. R: *Mario Camerini*. DB: Guy Elmes, Leo Benvenuti, Piero de Bernardi (nach Robert Westerby). K: Aldo Tonti (Farbe). M: Angelo Francesco Lavagnino.
Besetzung: Paul Guers, Senta Berger, Lex Barker, Sergio Fantoni, I. S. Johar, Claudine Auger, Ian Hunter, Klaus Kinski (= Saddhu).
V: Inter-Film. Lz: 97 Min. DE: 28. Februar 1964.

31. **Der letzte Ritt nach Santa Cruz.** Österreich/BRD, 1963. P: Wiener Stadthalle/Magnet-Film (Berlin). R: *Rolf Olsen*. DB: Alex Berg (= Herbert Reinecker). K: Karl Löb (Farbe, UltraScope). M: Charly Niessen. Ba: Leo Metzenbauer. T: Rudolf Pilz. S: Karl Aulitzky. Rass: Lazy Ronay. Al: Gerald Martell, Otto Dworak. Pl: Heinz Pollak. Hl: Karl Spiehs.
Besetzung: Edmund Purdom, Marianne Koch, Florian Kühne, Mario Adorf, Thomas Fritsch, Klaus Kinski (= José) Marisa Mell, Walter Giller, Edmund Haskins, Sieghardt Rupp.
V: Constantin. Lz: 95 Min. DE: 28. März 1964.

32. **Wartezimmer zum Jenseits.** BRD, 1964. P: Rialto-Film. R: *Alfred Vohrer*. DB: Eberhard Keindorff, Johanna Sibelius (nach einem Roman von James Hadley Chase). K: Bruno Mondi (UltraScope). M: Martin Böttcher.
Besetzung: Hildegard Knef, Götz George, Richard Münch, Carl Lange, Heinz Reincke, Adelheid Seeck, Pinkas Braun, Klaus Kinski, Hans Clarin, Jan Hendriks, Hans Paetsch.
V: Constantin. Lz: 90 Min. DE: 23. April 1964.

33. **Die Gruft mit dem Rätselschloß.** BRD, 1964. P: Horst Wendlandt (Rialto-Film Preben Philipsen). R: *Franz Josef Gottlieb*. Rass: Thomas Grimm. DB: Robert A. Stemmle, F.J. Gottlieb (nach dem Roman »Angel Esquire« von Edgar Wallace). K: Richard Angst (UltraScope, teils Farbe). M: Peter Thomas. Hl: Fritz Klotzsch. Ko: Hannelore Wessel. T: Clemens Tütsch. S: Jutta Hering. Ba: Wilhelm Vorwerg, Walter Kutz. Al: Alfred Arbeiter, Hans Eberhard Junkersdorf. Pass: Siegfried Mews. Gl: Horst Wendlandt.
Besetzung: Judith Dornys, Harald Leipnitz, Rudolf Forster, Werner Peters, Siegfried Schürenberg, Ernst Fritz Fürbringer, Vera Tschechowa, Harry Meyen, Ilse Steppat, Harry Wüstenhagen, Kurd Pieritz, Klaus Kinski (= George), Eddi Arent.
V: Constantin. Lz: 90 Min. DE: 30. April 1964.

34. **Winnetou II/Vinetu II/Der Schatz der blauen Berge.** BRD/Jugoslawien, 1964. P: Rialto-Film/Jadran. R: *Harald Reinl*. DB: Harald G. Petersson (nach einem Roman von Karl May). K: Ernst W. Kalinke (CinemaScope, Farbe). M: Martin Böttcher.
Besetzung: Lex Barker, Pierre Brice, Karin Dor, Anthony Steele, Klaus Kinski (= David Lucas = Luke), Eddi Arent, Mario Girotti (Terence Hill), Horst Frank, Renato Baldini.
V: Constantin. Lz: 93 Min. DE: 17. September 1964.

35. **Das Geheimnis der chinesischen Nelke/FBI contre l'oeillet chinois.** BRD/F/It, 1964. P: Rapid-Film/Jacques Leitienne/Impexi/Metheus. R: *Rudolf Zehetgruber*. DB: Rudolf Zehetgruber (nach einem Roman von Louis Weinert-Wilton). K: Jan Stallich. M: Miroslav Hurka. Pl: Ludwig Spitaler, Anton Bedrich. Al: Jaroslav Rericha, Otto Renelt. Gl: Wolf C. Hartwig.
Besetzung: Paul Dahlke, Olly Schoberova, Dietmar Schönherr, Klaus Kinski (= Speranzo), Horst Frank, Dominique Boschero,

145

Brad Harris, Maria Vincent, Corrado Aricelli, Pierre Richard, Siegfried Gröning.
V: Constantin. Lz: 90 Min. DE: 9. Oktober 1964.

36. **Traitor's Gate/The Traitor's Gate.** GB, 1964. P: Summit-Film. R: *Freddie Francis*. DB: John Sansom (nach dem gleichnamigen Roman von Edgar Wallace). K: Denys Coop, Ray Hearne. M: Martin Böttcher, Peter Thomas. S: Oswald Hafenrichter. Al: Ted Wallis. Hl: E. M. Smedley Aston und Ted Lloyd. Pl: Wolfgang Kühnlenz. Gl: Horst Wendlandt.
Besetzung: Albert Lieven, Margot Trooger, Gary Raymond, Catherina von Schell, Eddi Arent, Klaus Kinski (= Kane), Anthony James, Tim Barrett, Edward Underdown, Heinz Bernard, Dave Birks, Alec Ross, Julie Mendez.
Lz: 87 Min.

37. **Das Verrätertor.** BRD, 1964. P: Horst Wendlandt (Rialto-Film Preben Philipsen). R: *Freddie Francis*. DB: John Sansom (nach dem Roman »The Traitor's Gate« von Edgar Wallace). K: Denys Coop, Ray Hearne. M: Martin Böttcher, Peter Thomas. S: Oswald Hafenrichter. Al: Ted Wallis. Hl: E. M. Smedley Aston und Ted Lloyd. Pl: Wolfgang Kühnlenz. Gl: Horst Wendlandt.
Besetzung: Albert Lieven, Margot Trooger, Gary Raymond, Catherina von Schell, Klaus Kinski (= Kane), Heinz Bernard, Anthony James, Tim Barrett, Edward Underdown, Eddi Arent.
V: Constantin. Lz: 87 Min. DE: 18. Dezember 1964. Deutsche Fassung von *Traitor's Gate*. Gleichzeitig mit dem britischen Film in London gedreht.

38. **Operacion Estambul/Operation Istambul/L'Homme d'Istamboul** (Unser Mann aus Istanbul). Sp/It/F, 1965. P: Isasi-Isasimendi/Mondiale/EDIC/CCM (Rom). R: *Antonio Isasi-Isasmendi*. DB: Antonio Isasi-Isasmendi, Giovanni Simonelli, Luis Cameron. K: Juan Liar und Juan Gelpi (TechniScope, Farbe). Pl: Antonio Irles. M: Georges Garvarentz.
Besetzung: Horst Buchholz, Sylva Koscina, Perette Pradier, Claude Cerval, Klaus Kinski (= Schenck), Christine Mercier, Mario Adorf, Gérard Tichy, Agustin Gonzales, Alvaro de Luna, Rocha, Gustavo Re, Christiane Maybach.
V: Constantin. Lz: 114 Min. DE: 1. September 1965.

146

39. **Neues vom Hexer.** BRD, 1965. P: Rialto-Film Preben Philipsen (Horst Wendlandt). R: *Alfred Vohrer.* Rass: Eva Ebner. DB: Herbert Reinecker (nach dem Roman »Again the Ringer« von Edgar Wallace). K: Karl Löb. M: Peter Thomas. T: Clemens Tütsch. S: Jutta Hering. Ba: Wilhelm Vorwerg, Walter Kutz. Hl: Fritz Klotzsch. Gl: Horst Wendlandt.
Besetzung: Heinz Drache, Barbara Rütting, Brigitte Horney, Robert Hoffmann, Klaus Kinski (= Edwards), Eddi Arent, René Deltgen, Margot Trooger, Siegfried Schürenberg, Hubert von Meyerinck, Gisela Hahn, Heinz Spitzner, Karl John, Kurt Waitzmann, Lu Säuberlich, Lia Eiberschütz.
V: Constantin. Lz: 95 Min. DE: 4. Juni 1965.

40. **Spione unter sich/Gefährlicher Auftrag/La guerre secréte/La guerra segreta.** BRD/F/It, 1965. P: Richard Hellman/Eugene Tucherer/Eichberg-Film/Franco-London/Fair. R: *Werner Klingler, Terence Young, Christian-Jacque, Carlo Lizzani.* DB: Jo Eisinger, Jacques Rémy, Jacques Caborie, Christian-Jacque, Ennio de Concini. K: Richard Angst, Pierre Petit, Enrico Menczer, Alain Bosnard. M: Robert Mellin, Gian Piero Reverberi. Ba: Robert Grabiti, Heinrich Weidemann, Raymond Gabutti. T: G. Mardiguian. Pl: Peter Hahne, Jean Mottet. S: Borys Leurn, Alan Osbiston.
Besetzung: Henry Fonda, Robert Ryan, Vittorio Gassman, Annie Girardot, André Bourvil, Robert Hossein, Peter van Eyck, Maria Grazia Buccella, Mario Adorf, Georges Marchal, Klaus Kinski (russischer Agent), Jacques Sernas, Louis Arbessier, Jack Blanchot, Gabriel Gobin, Violette Marceau.
V: Nora. Lz: 109 Min.
DE: 12. August 1965.

41. **Per qualche dollari in piu/Für ein paar Dollar mehr.** It/BRD/Sp. 1965. P: Pea/Constantin/Arturo Gonzales. R: *Sergio Leone.* DB: Luciano Vincenzoni, Sergio Leone, Fulvio Morzella. K: Massimo Dallamano (Farbe, TechniScope). M: Ennio Morricone.
Besetzung: Clint Eastwood, Lee Van Cleef, Gian Maria Volonté, Klaus Kinski (= Wild), Josef Egger, Kurt Zips, Rosemarie Dexter, Mario Brega, Werner Abrolat, Mara Krup, Luigi Pistilli, Aldo Sambrelli, Benito Stefanelli, Panos Papadopulos, Luis Rodriquez, Rosé Robledo.
V: Constantin. Lz: 121 Min. DE: 25. März 1966.

Die Filmprogramm-Titelseite zeigt die vier Hauptdarsteller von ›Per qual-
che dollari in piu/Für ein paar Dollar mehr‹ (1965). Aus den USA Clint
Eastwood und Lee Van Cleef (›High Noon‹), aus Deutschland Klaus
Kinski und aus Italien Gian Maria Volonte. Regie: Sergio Leone.

In ›Doctor Zhivago‹ (Doktor Schiwago, 1965), von Carlo Ponti produziert und von David Lean inszeniert, spielte Klaus Kinski eine Nebenrolle.

42. **Doctor Zhivago** (Doktor Schiwago). GB, 1965. P: Carlo Ponti/Sostar S.A./MGM-Großbritannien. R: *David Lean*. DB: Robert Bolt (nach dem Roman von Boris Pasternak). K: Fred A. (Freddie) Young (Panavision, Panavision 70, Metrocolor). M: Maurice Jarre. Ba: John Box, Terry Marsh. Dek: Dario Simoni. T: A. W. Watkins, Franklin E. Milton. S: Norman Savage. Ko: Phyllis Dalton.
Besetzung: Omar Sharif, Julie Christie, Geraldine Chaplin, Tom Courtenay, Alec Guinness, Siobhan McKenna, Ralph Richardson, Rod Steiger, Rita Tushingham, Klaus Kinski (= Kostojed-Amurski), Adrienne Corri, Gérard Tichy, Jack McGowran, Tarek Sharif, Geoffrey Keen, Jeffrey Rockland, Lucy Westmore, Noel Willman, Maria Martin, Mercedes Ruiz, Roger Maxwell, Irigo Jackson, Virgilio Texeira, Bernard Kay, Erik Chitty, José Nieto, Mark Eden, Emilio Carrer, Gerhard Jersch, Wolf Frees, Gwen Nelson, José Caffarel, Brigitte Trace, Luana Alcaniz, Lili Murati, Catherine Ellison.
V: MGM. Lz: 200 Min. DE: 5. Oktober 1966.

43. **The Pleasure Girls** (Die Goldpuppen/Sex in falschen Händen). GB, 1965. P: Compton-Tekli/Planet-Film, Berlin (Harry Fine). R: *Gerald (Gerry) O'Hara*. DB: Gerald O'Hara. K: Michael Reed. M: Malcolm Lockyer.
Besetzung: Ian McShane, Klaus Kinski (= Nikko), Suzanna Leigh, Francesca Anuis, Mark Eden, Tony Tanner, Rosemary Nichols, Annette Wills, Coleen Fitzpatrick.
V: Inter-Film. Lz: 85 Min. DE: 3. Dezember 1965.

44. **Circus of Fear/Circus of Terror** (Das Rätsel des silbernen Dreiecks). GB, 1966. P: Proudweeks. R: *Werner Jacobs, John Moxey*. DB: Peter Welbeck (nach dem Roman »Again the Three« von Edgar Wallace). K: Ernest Steward. M: Johnnie Douglas.
Besetzung: Heinz Drache, Christopher Lee, Leo Genn, Anthony Newlands, Suzy Kendall, Margaret Lee, Maurice Kauffman, Skip Martin, Lawrence James, Tom Bowman, Victor Maddern, Klaus Kinski (= Manfred Hart), Eddi Arent.
V: Constantin. Lz: 90 Min. DE: 29. April 1966.

45. **Our Man in Marrakesh/Opération Marrakesch/Bang, bang, you're dead!** (Marrakesch). GB, 1966. P: Marrakesh, Harry Alan Towers/Sargon-Film. R: *Don Sharp*. DB: Peter Yeldham (nach Peter Welbeck). K: Michael Reed (Farbe). M: Malcolm Lockyer. T: John

Illustrierte film-Bühne
Nr. 7254

DIE GOLDPUPPEN

(THE PLEASURE GIRLS)

Filmprogramm-Titelseite zu dem britischen Film ›The Pleasure Girls‹ (Die Goldpuppen/Sex in falschen Händen, 1965). Klaus Kinski und Suzanna Leigh.

Brommage. Ba: Frank White. Re: Ernie Quick. S: Teddy Darvas. Hl: Peter Manley.
Besetzung: Senta Berger, Klaus Kinski (= Jonquil), Tony Randall,

Herbert Lom, Margaret Lee, Wilfried Hyde-White, John le Mesurier, Terry-Thomas, Keith Peacock, Emile Stemmler, Maria Rohm.
V: Rank. Lz: 94 Min. DE: 22. Juli 1966.

46. **Wie tötet man eine Dame?/Das Geheimnis der gelben Mönche/Tiro a segno per uccidere.** Österreich/It, 1966. P: Intercontinental/Pea. R: *Manfred R. Köhler.* DB: Anatol Bratt, Manfred R. Köhler. K: Siegfried Hold (Farbe). Ba: Nino Borghi. Al: Gerald Martell. Pl: Paul Waldherr. Gl: Karl Spichs. M: Marcello Giombini.
Besetzung: Stewart Granger, Karin Dor, Rupert Davies, Curd Jürgens, Scilla Gabel, Klaus Kinski (= Caporetti), Adolfo Celi, Mollie Peters, Erika Remberg, Allan Pinson, Demeter Bitenc.
V: Nora. Lz: 102 Min. DE: 30. September 1966.

47. **Quien sabe?** (Töte Amigo). It, 1966. P: M.C.M. R: *Damiano Damiani.* DB: Salvatore Laurani. K: Tony Secchi (Farbe, TechniScope). M: Luis Enrique Bacalov und Ennio Morricone.
Besetzung: Giann-Maria Volonté, Klaus Kinski (= El Santo), Lou Castel, Martine Beswick, Jaime Fernandez, Andrea Checchi, Spartaco Conversi, Joaquim Parra, Aldo Sambrelli, Carla Gravina.
V: Nora. Lz: 99 Min. DE: 7. Juni 1968.

48. **Hell is Empty/Lascia passare per l'inferno.** GB/It, 1966. R: *Bernard Knowles, John Ainsworth, Gabriele Palmieri.*

49. **Gern hab ich die Frauen gekillt/Sfida a Glory City/Le carnaval des Barbouzes/Carnival of Killers.** Österreich/It/F/GB, 1966. P: Intercontinental/Méthéus/Inter. R: *Sheldon Reynolds, Alberto Cardone, Robert Lynn, Louis Solanes.*DB: Rolf Olsen, Ernesto Gastaldi, Vittorio Salerno. K: Siegfried Hold, Federico G. Larraya (Farbe). M: Claudius Alzner.
Besetzung: Stewart Granger, Lex Barker, Pierre Brice, Klaus Kinski.
V: Nora. Lz: 94 Min. DE: 29. Juli 1966.

50. **Sumuru/The Slaves of Sumuru/The Million Eyes of Su-Muru** (Sumuru – die Tochter des Satans). GB, 1967. P: Sumuru/Alan Harry Towers. R: *Lindsay Shonteff.* DB: Kevin Cavanagh (nach einem Roman von Peter Welbeck und nach Figuren von Sax Rohmer). K: John von Kotze (Farbe, TechniScope). M: Johnny Scott. kLtg: Scott MacGregor. T: Brian Marshall.

Besetzung: Shirley Eaton, Frankie Avalon, George Nader, Wilfrid Hyde-White, Klaus Kinski (= Boong), Maria Rohm, Patti Chandler, Salli Sachse, Ursula Rank, Krista Nell, Paul Chang, Essie Huang, Jon Fong, Denise Darveux, Mary Cheng, Jill Hamilton, Lisa Grey, Christine Lok, Margret Cheung, Louise Lee.
V: Constantin. Lz: 80 Min. DE: 14. Juli 1967.

51. **Die blaue Hand.** BRD, 1967. P: Horst Wendlandt (Rialto-Film Preben Philipsen). R: *Alfred Vohrer*. DB: Alex Berg (d.i. Herbert Reinecker, nach dem Roman »The Blue Hand« von Edgar Wallace). Rass: Eva Ebner. K: Ernst W. Kalinke (Farbe). M: Martin Böttcher. Kass: Joachim Gitt, Wolfgang Hofmann. Ko: Irms Pauli. S: Jutta Hering. Ma: Willi Nixdorf, Charlotte Kersten-Schmidt. Al: Herbert Kerz, Harry Wilbert. Hl: Fritz Klotzsch. Pl: Wolfgang Kühnlenz.
Besetzung: Harald Leipnitz, Klaus Kinski (= Dave Emerson/Richard Emerson), Carl Lange, Siegfried Schürenberg, Ilse Steppat, Diana Körner, Hermann Lenschau, Albert Bessler, Ilse Pagé, Richard Haller, Gudrun Genest, Fred Haltiner, Peter Parten, Thomas Danneberg, Harry Riebauer, Heinz Spitzner, Otto Czarski, Karin Kenklies, Helga Lander.
V: Constantin. Lz: 87 Min. DE: 28. April 1967.

52. **Top Job/Ad ogni costo.** BRD/It/Sp, 1967. P: Harry Colombo, George Papi/Constantin/Jolly/Coral. R: *Giuliano Montaldo*. DB: Mino Roli, Marcello Fondato, Antonio de la Loma, Augusto Caminito, Marcello Coscia, P. Bianchini. K: Antonio Macasoli (Farbe, TechniScope). M: Ennio Morricone. mL: Bruno Nicolai. Ba: Alberto Boccianti, Juan Alberto Soler. Rass: Mauro Sacripanti, Carlos Luiz Corito, Federico Canudas. T: Umberto Picistrelli. S: Nino Baragli.
Besetzung: Janet Leigh, Robert Hoffmann, Edward G. Robinson, Adolfo Celi, Klaus Kinski (= Erich Weiss), Georges Rigaud, Riccardo Cucciolla, Jussara, Miguel del Castillo.
V: Constantin. Lz: 110 Min. DE: 5. Januar 1968.

53. **Five Golden Dragons** (Die Pagode zum fünften Schrecken). GB, 1967. P: Blans. R: *Joachim Linden, Jeremy Summers*. DB: Peter Welbeck. K: John v. Kotze (Farbe, TechniScope). M: Malcolm Lokkyer.
Besetzung: Bob Cummings, Margaret Lee, Rupert Davies, Klaus Kinski, Maria Rohm.
V: Constantin. Lz: 77 Min. DE: 4. August 1967.

54. **Mit Django kam der Tod/L'uomo, l'orgoglio, la vendetta.** BRD/It, 1967. P: Terra-Film/Regal/Fono Roma/Constantin. R: *Luigi Bazzoni.* DB: Suso Cecchi d'Amico, Luigi Bazzoni (nach der Novelle »Carmen« von Prosper Mérimée). K: Camillo Bazzoni (Farbe, Techni-Scope). M: Carlo Rustichelli. Ba: Saverio d'Eugenio. S: Roberto Perpignani. Pl: Renato Panetuzzi.
Besetzung: Franco Nero, Tina Aumont, Klaus Kinski (= Garcia), Alberto Dell'Acqua, Karl Schönböck, Lee Burton, Franco Ressel, Marcella Valeri, A. H. Albrecht.
V: Constantin. Lz: 91 Min. DE: 11. Oktober 1968.

55. **Coplan sauve sa peau/L'Assassino ha ore contate** (Der Teufelsgarten). F/It, 1967. P: CFFP/Cinesolo. R: *Yves Boisset.* DB: Claude Veillot und Yves Boisset (nach einem Roman von P. Kennedy). K: Pierre L'Homme, Pierre Goupil (Farbe). M: J. C. Pelletier.
Besetzung: Claudio Brook, Margaret Lee, Jean Servais, Andrew Ray, Serge Jossa, Jean Topart, Bernard Blier, Klaus Kinski, Hans Meir.
V: Rank. Lz: 111 Min. DE: 27. September 1968.

56. **Ognuno per se/Das Gold von Sam Cooper/Jeder für sich.** It/BRD, 1968. P: PCM/Eichberg-Film. R: *George Holloway* (Giorgio Capitani). DB: Fernando Di Leo, Augusto Caminito. K: Sergio D'Offici (Farbe, TechniScope). M: Carlo Rustichelli.
Besetzung: Van Heflin, Klaus Kinski (= der Blonde), Gilbert Roland, George Hilton, Sarah Ross.
V: Columbia-Bavaria. Lz: 106 Min. DE: 6. August 1968.

57. **Mister zehn Prozent – Miezen und Moneten/Signpress contra Scotland Yard.** BRD/It, 1968. P: Parnass/Record/Cinesolo/Cine Teatri. R: *Guido Zurli.* DB: Arpad de Riso, Werner Hauff nach einem Roman von Mike Widborg. K: Franco Villa (Farbe). M: Gino Seguri. Pl: Carlo Potenza. Gl: Theo Maria Werner, Ralph Zucker.
Besetzung: George Martin, Klaus Kinski (= Rhodes), Ingrid Schöller, Karin Field, Paolo Carlini, Andrea Aureli, Orchidea de Sautis, Dick Palmer, Gloria Paul, Consalvo Dell' Arte, Nick Jordan.
V: Goria-Film. Lz: 80 Min. DE: 25. April 1969.

58. **Il grande silenzio/Le grand silence** (Leichen pflastern seinen Weg). It/F, 1968. P: Summa/Adelphia/Films Corona. R: *Sergio Corbucci.* DB:

Italo-Western von Giorgio Capitani: ›Ognuno per se/Das Gold von Sam Cooper‹ (1968), auch unter dem Titel ›Jeder für sich‹ gelaufen. In den Hauptrollen Van Heflin (links) und Klaus Kinski (als der Blonde).

Sergio Corbucci, Mario Amendola, Vittoriani Petrilli, Bruno Corbucci. K: Silvano Ippoliti (Farbe). M: Ennio Morricone.
Besetzung: Jean-Louis Trintignant, Klaus Kinski (= Loco/Tigrero), Frank Wolff, Luigi Pistilli, Mario Brega, Vonetta McGee, Carlo D'Angelo.
V: Centfox. Lz: 105 Min. DE: 21. Februar 1969.

59. **Der Bastard/Il bastardo/I bastardi/I gatti/Le bâstard.** BRD/It/F, 1968. P: Rhein-Main/Ultra/PECF. R: *Duccio Tessari*. DB: Ennio de Concini, Maria di Nardo, Duccio Tessari (nach einer Erzählung von Maria di Nardo). K: Carlo Carlini (Farbe). M: Michel Magne.
Besetzung: Giuliano Gemma, Klaus Kinski (= Adam), Claudine Auger, Margaret Lee, Serge Marquant, Rita Hayworth.
V: Warner-Seven Arts. Lz: 92 Min. DE: 6. Juni 1969.

155

60. **Marquis de Sade: Justine/Justine/La disaventura della virtu/Les infortunes de la vertu.** BRD/It/F, 1968. P: Corona/Aica. R: *Jesus Franco* (Jess Frank/Jesus Franco Manera). DB: Arpad de Riso, Erich Kröhnke (nach de Sade). K: Manuel Merino (Farbe). M: Bruno Nicolai.
Besetzung: Klaus Kinski (= Marquis de Sade), Romina Power, Maria Rohm, Sylva Koscina, Mercedes McCambridge, Harald Leipnitz, Howard Vernon, Jack Palance, Horst Frank, Akim Tamiroff, Rosemary Dexter.
V: Constantin. Lz: 90 Min. DE: 13. Juni 1969.

61. **Se incontri Sartana prega per la tua morte/Sartana/Sartane – Bete um deinen Tod.** It/BRD, 1968. P: Parnass/Paris-Etoile. R: *Frank Kramer* (Gianfranco Parolini). DB: Gianfranco Parolini, Renato Izzo, Werner Hauff. K: Enrico Mancori, Sandro Mancori (Farbe, Scope). M: Piero Piccioni.
Besetzung: John Garko, William Berger, Sidney Chaplin, Fernando Sancho, Gianni Rizzo, Heidi Fischer, Sabine Sun, Klaus Kinski.
V: Nora. Lz: 97 Min. DE: 22. August 1969.

62. **Due volte giuda** (Zwei x Judas). It/Sp, 1968. P. Colt/Balcazar. R: *Nando Cicero*. DB: Jaime Jesus Balcazar. K: Francisco Marin (Farbe, ColorScope). M: Carlo Pes.
Besetzung: Klaus Kinski (= Dingus), Antonio Sabata, Cristina Galbo, Pepe Calvo, Franco Leo, Linda Sini, Emma Baron.
V: Avis. Lz: 96 Min. DE: 27. Februar 1970.

63. **Kampf um Rom – 1. Teil.** BRD/It, 1968. P: CCC/Pegaso/Studioul Cinematografic Bucuresti. R: *Robert Siodmak*. DB: Ladislas Fodor (nach einem Roman von Felix Dahn). K: Richard Angst (Farbe, TechniScope). Buchadaptation: David Ambros. Ba: Ernst Schomer, Costel Simionescu. Ko: Irms Pauli. Hl: Peter Hahne. Produzent: Artur Brauner. M: Riz Ortolani.
Besetzung: Laurence Harvey, Orson Welles, Sylva Koscina, Klaus Kinski, Honor Blackman, Robert Hoffmann, Michael Dunn, Ingrid Brett, Laug Jeffries, Florin Piersic, Emanoil Petrut, Friedrich von Ledebur, Dieter Eppler, Ewa Strömberg, Adela Marculescu, Jon Dickiseaner, Mircea Angelescu, Harriet Andersson.
V: Constantin. Lz: 103 Min.
DE: 17. Februar 1968.

64. **Kampf um Rom – 2. Teil: Der Verrat.** BRD/It, 1968. P: CCC/Pegaso/ Studioul Cinematografic Bucurest. R: *Robert Siodmak*. DB: Ladislas Fodor (nach einem Roman von Felix Dahn). K: Richard Angst (Farbe, TechniScope). M: Riz Ortolani.
Besetzung: Laurence Harvey, Orson Welles, Sylva Koscina, Klaus Kinski.
V: Constantin. Lz: 84 Min. DE: 21. Februar 1969. Weitere Angaben siehe Teil 1.

65. **A qualsiasi prezzo/Casse au Vatican/Vatican Story.** It/F/GB, 1969. R: *Emilio P. Miraglia.*
Besetzung: Klaus Kinski, Ira von Fürstenberg, Walter Pidgeon.

66. **Sartana Story.** 1969. R: *E. Santoni.*

67. **Un millione de dollari para 5 professionali.** 1969. R: *E. Santoni.*

68. **Una bara di dollari per una carogna.** It, 1969,. R: *Edward G. Muller* (Eduardo Mullagio).

69. **Quintero, la legge dei Gangsters** (Quintero – das Aas der Unterwelt). It, 1969. P: Roberto Loyola. R: *Siro Marcellini*. DB: Piero Regnoli und Siro Marcellini. K: Silvio Fraschetti Pistola (Farbe, TechniScope). M: Piero Umiliani.
Besetzung: Klaus Kinski, Maurice Poli, Franco Citti, Samy Pavel, Suzy Andersen.
V: Mercator. Lz: 84 Min. DE: 22. Januar 1971.

70. **Cinque per l'inferno** (Todeskommando Panthersprung). It, 1969. P: Ambrosiana. R: *Frank Kramer* (Gianfranco Parolini). DB: Sergio Garrone, Renato Izzo, Gianfranco Parolini. M: Vasco und Mancusa. K: Sandro Mancori.
Besetzung: Klaus Kinski, John Garko, Margaret Lee, Nick Jordan, Sal Borgese, Luciano Rossi, Sam Burke.
V: R.C.S. Lz: 86 Min. DE: 20. Dezember 1974.

71. **Paroxysmus/Paroxysmos.** Sp/F/GB/BRD, 1969. R: *Jesus Franco* (Jess Frank/Jesus Franco Manera). DB: Jesus Franco und Malvin Wald. K: Angelo Liotti. M: Manfred Mann, Mike Hugg.
Besetzung: James Darren, Barbara McNair, Maria Rohm, Klaus

Kinski (= Ahmed), Dennis Price, Margaret Lee, Paul Muller, Jesus Franco.

72. **Venus im Pelz/Vénus en fourrure/Venus in Furs/Black Angel.** BRD, 1969. P: Roxy-Film (München)/VIP-Produktion Ltd. (Chiasso). R: *Max Dillman* (Massimo Dallamano). DB: Inge Hilger (nach Leopold Sacher-Masoch). Dialoge: Manfred Purzer. K: Sergio D'Offisi (Farbe, TechniScope). M: Giancarlo Piccioni, Gianfranco Riverberi. Rass: Sonny Eplinius-Goth. Al: Wolfgang Deubel, Claus Gotzler. Hl: Antonio Negri, Erwin Gitt. Gl: Luggi Waldleitner, Alberto Pugliese.
Besetzung: Laura Antonelli, Régis Vallée, Renate Kasche, Werner Pochath, Mady Rahl, Wolf Ackva, Peter Heeg, Lia Felber, Marian Benet, Eving Loren, Dagmar Stegmaier, Jossi Schmid, Josef Moosholzer, Alfred Ackthun, Klaus Kinski.
V: Constantin. Lz: 86 Min. DE: 26.11.1969.

73. **Das Gesicht im Dunkeln/A doppia faccia** (Operazione hallicinante). BRD/It, 1969. P: Horst Wendlandt/Rialto-Film Preben Philipsen/ Mega-Films S.P.A. (London)/Colt-Produzioni Cinematografiche S.R.L. (Rom). R: *Riccardo (Richard) Freda* (Robert Hampton). Rass: Paul Hengge. DB: Riccardo Freda und Paul Hengge (nach dem Roman »The Face in the Night« von Edgar Wallace. Pl: Kilian Rebentrost, Antonio Girasante. K: Gabor Pagoni (Farbe). M: Joan Cristian (gesungen von Silvie St. Laurent). Ko und Ba: Luciano Spadoni. T: Hubertus Schmandke. S: Anna Amedei, Jutta Hering. Al: Albino Morandin.
Besetzung: Klaus Kinski (= John), Margaret Lee, Christiane Krüger, Günther Stoll, Sidney Chaplin, Annabella Incontrera, Barbara Nelli, Gastone Pescucci, Claudia Trifoni, Luciano Spadoni, Marcolino Carloa, Ignazio Dolci.
V: Constantin. Lz: 81 Min. DE: 4. Juli 1969.

74. **Wie kommt ein so reizendes Mädchen zu diesem Gewerbe?/Wie kommt ein so reizendes Mädchen wie Sie zu diesem Gewerbe?/Mir hat es immer Spaß gemacht.** BRD, 1969. P: Horst Wendlandt (Rialto-Film). R: *Will Tremper*. DB: Will Tremper (nach dem Roman von Lynn Keefe). K: Richard C. Glouner, Karl Löb (Farbe). M: Klaus Doldinger. Ba: Christoph Hertling, Celia Zentner. T: Max Galinski, Gerhard Wagener. S: Jutta Hering.

NEUES
Film- PROGRAMM
№ 5401

Das Gesicht im Dunkeln

›Das Gesicht im Dunkeln/A doppia faccia/Operazione hallicinante‹ *(1969) mit Klaus Kinski und Margaret Lee.*

Besetzung: Barbara Benton, Klaus Kinski (= Sam), Hampton Francher, Clyde Ventura, Roman Murray, Broderick Crawford, Lionel Stander, Massimo Serato, Claude Farell, José Luis de Vilalonga, Bruce Low, Max Nosseck, Robert Morley, Hugh Hefner, Jeff Cooper, Mark de Vries.
V: Inter-Film. Lz: 105 Min. DE: 15. Januar 1970.

75. **Sono Sartana, il vostro becchino** (Sartana – Töten war sein täglich Brot). It, 1969. P: Ambrosiana. R: *Anthony Ascott* (Giuliano Carmineo). DB: Tito Carpi, Enzo Dell'Aquila. K: Giovanni Bergamini (Farbe, Cromoscope). M: Vasco und Mancuso.
Besetzung: John Garko, Frank Wolff, Ettore Manni, Klaus Kinski, Renato Baldini, Gordon Mitchell, Sal Borgese, Rick Boyd.
V: Adria. Lz: 97 Min. DE: 26. Februar 1970.

76. **Nachts, wenn Dracula erwacht/Count Dracula/El conde Dracula.** BRD/Sp/It, 1969. P: Corona/Fenix/Filmar. R: *Jesus Franco Manera* (Jesus Franco/Jess Frank). DB: Erich Krähnke, Jesus Franco Manera, Augusto Finochi (nach einem Roman von Bram Stoker). K: Manuel Merino (Farbe). M: Bruno Nicolai.
Besetzung: Christopher Lee, Maria Rohm, Herbert Lom, Fred Williams, Soledad Miranda, Klaus Kinski (= Renfield), Jack Taylor.
V: Gloria. Lz: 93 Min. DE: 3. April 1970.

77. **... e Dio disse a caino/Satan der Rache.** It/BRD, 1969. P: Peter Carsten/D.C. 7. R: *Anthony M. Dawson* (Antonio Margheriti). DB: Antonio Margheriti, Giovanni Adessi. K: Luciano Trasatti, Ricardo Pallotini (Farbe, Scope). M: Carlo Savina (Song »Rocks Blood Sand«, gesungen von Don Powell).
Besetzung: Klaus Kinski (= Gary Hamilton), Peter Carsten, Marcella Michelangeli, Antonio Cantafora, Lee Burton.
V: Inter-Film. Lz: 91 Min.
DE: 5. Februar 1971.

78. **Il litto nella piagia.** It, 1969. R: *Teodoro Ricci* (Tonino Ricci). DB: Teodoro Ricci, Piero Regnoli. K: Sandro Mancori (Farbe). M: Riz Ortolani.
Besetzung: Klaus Kinski, George Hamilton, Ray Saunders, Betsy Bell, Franco Cobianchi, Enrico Pagnano.
(In der BRD nicht gelaufen).

*Filmprogramm-Titelseite: Lilli Palmer und Klaus Kinski in ›Der Mann
mit der Torpedohaut/Le peau de Torpedo/Dossier 212: Destinazione
morte‹ (1970). Regie: Jean Delannoy.*

79. **Doppio stinky per Minnesota Clay.** It, 1970. R: Miles Deem (Demofilo Fidani).

80. **Prega il morte e amazza il vivo.** It, 1970. R: *Joseph Warren* (Giuseppe Vari). DB: Mark Walter. K: Franco Villa (Farbe). M: Mario Migliardi.
Besetzung: Klaus Kinski (= Hogan), Victoria Zunny, Paul Sullivan, Dean Stratford, Anthony Rock, Dean May, John Ely, Patricia Adiatori.
(In der BRD nicht gelaufen).

81. **Der Mann mit der Torpedohaut/Le peau de torpedo/Dossier 212: Destinazione morte**. BRD/F/It, 1970. P: Paramount-Orion/Copernic/Comacico/Mars (Maurice Jacquin). R: *Jean Delannoy*. DB: Jean Cau und Jean Delannoy (nach einem Roman von Francis Ryck). K: Edmond Sechan (Farbe, Breitwand). M: François Roubaix.
Besetzung: Stéphane Audran, Lilli Palmer, Klaus Kinski (= Torpedo I), Michel Constantine, Jean Claudio, Frederic de Pasquale, Noëlle Adam, Christine Fabrega, Georges Lycan.
V: Cinema International.
Lz: 112 Min.
DE: 30. Oktober 1970.

82. **La belva.** It, 1970. R: *Mario Costa*.
Besetzung: Klaus Kinski (= Machete), Gabriella Giorgelli, Steven Todd, Lee Burton.
(In der BRD nicht gelaufen).

83. **Apputamento con il disonore.** It, 1970. R: *Robert McCahon*. M: Gianni Ferrio.
Besetzung: Klaus Kinski, Michael Craig, Eva Renzi, Adolfo Celi, Margaret Lee, George Sanders.
(In der BRD nicht gelaufen).

84. **I leopardi di Churchill.** It/Sp, 1970. R: *Maurizio Pradeaux*. DB: Arpad de Riso. K: Miguel Fernandez Mila. M: Franco Salina.
Besetzung: Richard Harrison, Klaus Kinski, Pilar Velasquez, Giacomo Rossi Stuart, Antonio Casas, Helga Line, Maurizio Pradeaux, Claudio Biava.
(In der BRD nicht gelaufen).

Filmprogramm-Titelseite zu ›L'occhio del ragno‹ (Das Auge der Spinne, 1971) mit Klaus Kinski in der Hauptrolle. Regie: Roberto Bianchi Montero.

85. **Lo chiamavano king.** It, 1971. R: *Don Reynolds* (Giancarlo Romitelli). DB: Renato Savino. K: Guglielmo Mancori (Farbe). M: Luis Enrique Bacalov.

Besetzung: Richard Harrison, Klaus Kinski (= Ryan), Anne Puskin, Marco Zuannelli, Luciano Pigozzi.
(In der BRD nicht gelaufen).

86. **Giu la testa ... Hombre!.** It, 1971. P: Electra. R: *Miles Deem* (Demofilo Fidani). DB: Domenico Fidani. K: Aristide Massaccesi (Farbe). M: Lallo Gori.
Besetzung: Hunt Powers, Gordon Mitchell, Jeff Cameron, Klaus Kinski, Philippe Garnier, Grazzia Guivi, Dennis Colt, Lucky McMurray.
(In der BRD nicht gelaufen).

87. **L'occhio del ragno** (Das Auge der Spinne). It, 1971. P: Luis-Film (Rom) R: *Roberto Bianchi* (Robert Bianchi Montero). D: Luigi Angelo, Fabio de Agostini, Aldo Crudo. K: Fausto Rossi (Farbe). M: Carlo Savina.
Besetzung: Klaus Kinski (= Hans Frischer), Antonio Sabàto, Lucrezia Love, Van Johnson, Teodoro Corrà, Brigitte Brandt, Claudia Biava, W.E. Arnold. Deutsche Fassung: Aura (München-Berlin). Dialogbuch: Hans Bernd Ebinger. Dialog-Regie: Conrad von Molo. V: Cinerama. Lz: 90 Min. DE: 10. März 1972.

88. **Le vendetta e un piatto che si serve freddo** (Drei Amen für den Satan). It, 1971. P: Filmes (Rom). R: *William Redford* (Pasquale Squietieri). DB: Monica Felt, Pasquale Squietieri. K: Angelo Motti (Farbe, Scope). M: Piero Umiliani. Ba: Renato Moretti. S: Antonietta Zita. T: Bruno Jaboni. Ko: Paola Nardi. Pl: Solly V. Bianco.
Besetzung: Leonard Mann, Ivan Rassimov, Elisabeth Eversfield, Klaus Kinski (= Prescott), Steffen Zacharias, Salvatore Billi.
V: Constantin. Lz: 97 Min. DE: 23. Juni 1972.

89. **Per una bara piena di dollari/Una bara piena di dollari** (Adios Companeros). It, 1971. P: Electra. R: *Miles Deem* (Domefilo Fidani). DB: Theodore Ricci, Domefilo Fidani. K: Aristide Massaccesi (Farbe). M: Lallo Gori.
Besetzung: Klaus Kinski (= Hagen), Hunt Powers, Gordon Mitchell, Jeff Cameron, Ray Saunders, Simone Blondell, Dennis Colt.
V: Mercator.
Lz: 83 Min.
DE: 7. Januar 1972.

Filmprogrammtitelseite: ›Le vendetta e un piatto che si serve freddo‹ (Drei Amen für den Satan, 1971). Regie: Pasquale Squietieri.

Filmprogramm-Titelseite zu ›Satan der Rache/Dracula im Schloß des Schreckens/Nella stretta morsa del ragno/Edgar Poe chez les morts-vivants/Les fantômes de Hurlevent‹ (1971). Die vielen Titel des Films verwirren, was von den Produzenten durchaus beabsichtigt war. Italienische Filme dieser Zeit liefen auch bei uns unter verschiedenen Titeln.

Filmprogramm-Titelseite zu ›La bestia uccide a sangue freddo‹ (Das Schloß der blauen Vögel, 1971). Hauptrolle: Klaus Kinski (rechts). Regie: Fernando Di Leo.

90. **La mano nascata di Dio.** It, 1971. R: *Cicca Palli.*
Besetzung: Klaus Kinski, Gianni Garko, Franco Albina, Gaby Genka. (In der BRD nicht gelaufen).

91. **The Crucified Girls of San Ramon.** It, 1971. R: *Vincenzo Matassi.*
Besetzung: Klaus Kinski, Gordon Mitchell.
(In der BRD nicht gelaufen).

92. **Satan der Rache/Dracula im Schloß des Schreckens/Nella stretta morsa del ragno/Edgar Poe chez les morts-vivants/Les fantômes de Hurlevent.** BRD/It/F, 1971. P: Terra (Berlin)/D.C. 7 (Rom)/Paris-Cannes (Paris). R: *Anthony M. Dawson* (Antonio Margheriti). DB: Antonio Margheriti, Giovanni Adessi, Bruno Corbucci, Giovanni Grimaldi (nach einer Erzählung von Edgar Allan Poe). K: Sandro Mancori, Manno Mancori, Silvano Spagnoli (Farbe, TechniScope). Al: Dino di Diovisio. Gl: Franco Caruso. Produzent: Giovanni Adessi. Pl: Ennio de Meo, Fritz Hammel. M: Riz Ortolani.
Besetzung: Anthony Franciosa, Michèle Mercier, Klaus Kinski (= E. A. Poe), Karin Field, Paolo Goslino, Irina Malewa, Heinz Ostermann, Marco Bonetti, Peter Carsten, Silvano Tranquilli, Raf Baldassare. V: Constantin. Lz: 97 Min. DE: 16. März 1972.

93. **La bestia uccide a sangue freddo** (Das Schloß der blauen Vögel). It, 1971. P: Daunia/Sitoro/Erwin C. Dietrich. R: *Fernando Di Leo.* DB: Fernando Di Leo, Nino Latino (nach einem Roman von Heinz Konsalik). K: Franco Villa (Farbe, Scope). M: Silvano Spandaccino.
Besetzung: Klaus Kinski, Margaret Lee, Rosalba Neri, Monika Strebel, John Karlsen, John Ely.
V: Avis. Lz: 84 Min. DE: 5. Mai 1972.

94. **Il ritorno di Clint il solitario/Ti attende une corda ... Ringo** (Ein Einsamer kehrt zurück). P: Doria (Rom)/Antonio Balcazar Barcelona/ P.C./ A.B.C. (Madrid). R: *George (Jorge) Martin , Al Bagran* (Alfonso Balcazar). Produzenten: E. Doria, Antonio Balcazar, P. Saglioceo. DB: Giovanni Simonelli, E. Passadore. K: Jaime Deu Casas (Farbe). M: Ennio Morricone.
Besetzung: Klaus Kinski (= der Kopfgeldjäger), George Martin, Marina Malfatti, Fernando Sancho, Augusto Pesarini, Susanna Atkinson, Daniel Martin.
V: Cinerama. Lz: 85 Min. DE: 7. März 1975.

George Martin und Klaus Kinski in dem Italo-Western ›Il ritorno di Clint il solitario/Ti attende une corda … Ringo‹ (Ein Einsamer kehrt zurück, 1971).

95. **Black Killer.** It, 1971. R: *Carlo Croccolo* (Lucky Moore).
Besetzung: Klaus Kinski, Fred Robsahm, Antonio Cantafora, Marina Mulligan.
(In der BRD nicht gelaufen).

96. **Aguirre, der Zorn Gottes.** BRD, 1972. P: Werner Herzog/Hessischer Rundfunk. R: *Werner Herzog.* DB: Werner Herzog. K: Thomas Mauch, Francisco Joán, Orlando Macciavello (Farbe). M: Popol Vuh. SpEff: Juvenal Herrera, Miguel Vasquez. Pl: Walter Saxer. T: Herbert Prasch. S: Beate Mainka-Jellinghaus. Sy: Bob Oliver. Rass: Gustavo Ceff Arbulu. Mitarbeit: Martje Grohmann, Dr. Georg Hagmüller, Ina Fritsche, René Lechleitner, Ovidio Ore.
Besetzung: Klaus Kinski (= Don Lope de Aguirre), Helena Rojo, Del Negro, Ruy Guerra, Peter Berling, Cecilia Rivera, Daniel Ades, Edward Roland, Armando Polanah, Daniel Farfán, Alejandro Chavez, Antonio Marquez, Julio Martinez, Alejandro Repullés.
Lz: 93 Min. DE: 29.12.1972 (Köln, englische Originalfassung) und 16. Januar 1973 (deutsche Fassung)

97. **Il venditore di morte** (Sarg der blutigen Stiefel). It, 1972. P: Mida. R: *Vincent Thomas* (Juan Alberto). DB: Enzo Gicca. K: Franco Villa (Farbe, Cromoscope). M: Mario Migliardi.
Besetzung: Gianni Garko, Gely Genka, Franco Abbina, Klaus Kinski.
V: Filmagentur Süd. Lz: 92 Min. DE: 27. April 1973.

98. **10 Monaco per tre carogne e sette peccatria.** It, 1972. R: *Ernst von Theumer.*
(In der BRD nicht gelaufen).

99. **La morte a sorriso all'assassino.** It, 1972. R: *Aristide Massaccesi.*
(In der BRD nicht gelaufen).

100. **Il mio nome e Shanghai Joe/Mezzogiorno di fuoco per Han-Hao** (Der Mann mit der Kugelpeitsche/Mein Name ist Karate-Jack). It, 1972. P: Jumbo (Rom). R: *Mario Caiano.* DB: Mario Caiano, Fabrizio Trifone Trecca, Carlo A. Alfieri, T. F. Kartek (= Trecca) K: Guglielmo Mancori (Farbe, TechniScope). S: Amedeo Giomini. M: Bruno Nicolai, Luis Bacalov.
Besetzung: Chen Lee, Carla Romanelli, Klaus Kinski (= Scalper

›Aquirre, der Zorn Gottes‹ (1972). Oben links: Klaus Kinski und Cecilia Rivera; Mitte rechts: Werner Herzog; unten rechts: Peter Berling, der Darsteller des Don Fernando de Guzman.

Jack = Joe, das Messer). Giacomo Rossi Stuart, Gordon Mitchell, Katsutoshi Mikuriya, Piero Lulli, Robert Hundar.
V: Gloria. Lz: 95 Min. DE: 11. Januar 1974.

101. **Eroi all'inferno.** It, 1973. R: *Aristide Massaccesi.*
(In der BRD nicht gelaufen).

102. **La mano spieta della legge.** It, 1973. R: *Mario Gariazzo.* DB: Mario Gariazzo. K: Enrico Cortese (Farbe).
Besetzung: Philipe Leroy, Sylvia Monti, Klaus Kinski, Tony Norton, Pia Giancaro, Adolfo Celi, Rosario Borelli.
(In der BRD nicht gelaufen).

103. **Lifespan.** GB, 1974. R: *Alexander Whitelaw.* DB: Alexander Whitelaw. K: Eddy Van der Eden (Farbe). M: Terry Riley.
Besetzung: Hiram Keller, Tina Aumont, Klaus Kinski (= Nicolas Ulrich), Fons Rademakers. (In der BRD nicht gelaufen).

104. **L'important c'est d'aimer/Nachtblende.** F/It/BRD, 1974. P: Albina du Boisrouvray/Albina Productions (Paris)/Rizzoli Films (Rom)/ T.I.T. Filmproduktion (München). R: *Andrzej Zulawski.* DB: Christopher Frank, Andrzej Zulawski (nach dem Roman »La nuit américaine« von Christopher Frank). K: Riccardo Arronovich (Farbe).
Produzenten: Wolfdieter von Stein, Pierre Laurent, Ottorino Moresco. M: Georges Delerue. Ba: Jean-Pierre Kohut-Svelko. Ko: Catherine Leterrier. Ma: Didier Lavergne, Massimo de Rossi, Jean-Max Guérin. T: Jacques Gérardot. S: Christiane Lack. Rass: Laurent Ferrier, Franco Sormani, Philippe Lopez. Kass: Andrzej Jarozewicz, Walter Bal. Stunt: Claude Carliez. Gl: Georges Casati. Co-Produzent: Léo L. Fuchs. Hl: Georg M. Reuther. Pl: Georges Casati.
Besetzung: Romy Schneider, Fabio Testi, Jacques Dutronc, Claude Dauphin, Roger Blin, Klaus Kinski (= Karl-Heinz Zimmer), Nicoletta Macchiavelli, Michel Robin, Gabrielle Doulcet, Guy Mairesse, Katia Tchenko, Paul Bisciglia, Robert Dadies, Gérard Zimmermann, Guy Delorme, Gérard Moisan, Kira Potonie, Philippe Clevenot, Zouzou, Jack Jourdan, Sybil Danning.
V: Cinerama. Lz: 113 Min. DE: 21. Februar 1975.

105. **Gli amanti del mostro.** It, 1974. R: *Sergio Garrone.*
(In der BRD nicht gelaufen).

1972: Filmprogramm-Titelseite zu dem Film ›Il mio nome e Shanghai Joe/ Mezzogiorno die fuoco per Han-Hao‹ (Der Mann mit der Kugelpeitsche/ Mein Name ist Karate-Jack).

106. **Le orme.** It, 1974. R: *Luigi Bazzoni* (Sergio Bazzini).
(In der BRD nicht gelaufen).

107. **La mano destro del diavolo.** It, 1974. R: *Marino Girolami* (Enzo G. Girolami)
(In der BRD nicht gelaufen).

108. **Revelazione de un psichiatro sul mondo perverso del sesse.** It, 1974. R: *Renato Polselli.*
(In der BRD nicht gelaufen).

109. **Who Stole the Shah's Jewels?** It, 1974. R: *Guido Leoni.*
(In der BRD nicht gelaufen).

110. **La creatura del demonia.** It, 1974. R: *Attila Pine.*
(In der BRD nicht gelaufen).

111. **Che botte ragazzi.** It, 1975. R: *Adalbertino (Bitto) Albertini.*
(In der BRD nicht gelaufen).

112. **Un genio, due compari, un pollo/ Nobody ist der Größte/Un génie, deux associés, une cloche.** It/BRD/F, 1975. P: AMLF/Rafran/Rialto-Film. R: *Damiano Damiani.* DB: Damiano Damiani, Rainer Brandt, Ernesto Gastaldi. K: Giuseppe Ruzzolini (Farbe, Techniscope). Produzent: Sergio Leone. Ba: Francesco Bonzi, Carlo Simi. Ko: Franco Carretti. S: Nino Baragli. Pl: Claudio Mancini. Hl: Fulvio Morsella. M: Ennio Morricone.
Besetzung: Terence Hill, Robert Charlesbois, Miou-Miou, Klaus Kinski (= Doc Foster), Patrick MacGoohan, Jean Martin, Piero Vida, Raimund Harmstorf, Friedrich von Ledebur (Frederick Ledebur/ Friedrich Ledebur).
V: Tobis.
Lz: 117 Min.
DE: 16. Dezember 1975.

113. **Das Netz.** BRD, 1975. P: Luggi Waldleitner/Roxy-Film. R: *Manfred Purzer.* DB: Manfred Purzer (nach dem Roman von Hans Habe). K: Charly Steinberger (Farbe). M: Klaus Doldinger. T: Peter Beil. Rass: Eva Ebner, Nino Casale. Al: Antonio Pittalis. Pl: Gunter Eula, Luigi Alessi. Gl: Luggi Waldleitner.

1974: Für Klaus Kinski ein wichtiger Film, Andrzej Zulawskis ›L'important c'est d'aimer/Nachtblende‹. Hier ein Ausschnitt mit Kinski und Romy Schneider (†).

Besetzung: Mel Ferrer, Klaus Kinski (= Bossi), Heinz Bennent, Elke Sommer, Andrea Rau, Susanne Uhlen, Carlo de Mejo, Claudio Gora, Maria D'Incoronato, Giavanella Grifeo, Sonja Annine, Franz Rudnick, Willi Rose, Sabine von Maydell.
V: Warner-Columbia. Lz: 108 Min. DE: 25. Dezember 1975 (München).

114. **Les marches du palais.** F, 1976. R: *Fréderic Aubert.*
(In der BRD nicht gelaufen).

115. **De peu mourir idiot.** F, 1976. R: *Claude Cailloux.*
(In der BRD nicht gelaufen).

116. **Nuit d'or.** F/It, 1976. R: *Serge Moati.* DB: Serge Moati, Françoise Verny. K: André Néau (Farbe). K: Pierre Jansen.
Besetzung: Bernard Blier, Klaus Kinski (= Michel), Marie Dubois, Jean-Luc Bideau, Charles Vanel, Anny Duperey, Maurice Ronet, Raymond Bussières, Valérie Pascale.
(In der BRD nicht gelaufen).

117. **Madame Claude** (Madame Claude und ihre Gazellen). F, 1977. P: Claire Duval. R: *Just Jaeckin.* DB: André G. Brunelin. Dialoge: André G. Brunelin (nach dem Roman »Allo oui, les memoires de Madame Claude« von Jacques Quoirez). M: Serge Gainsbourg. Pl: Claude Gorsky. K: Robert Fraisse, Michel Aurard, Thierry Nahon, Philippe Welt, Bruno de Keyzer (Farbe). Ba: Maurice Sergent. T: Daniel Brisseau. S: Marie-Sophie Dubus. Ma: Marie-Madeleine Paris. Al: Robert Christides. Requisite: Pierre Sicre.
Besetzung: Françoise Fabian, Dayle Haddon, Murray Head, Maurice Ronet, Vibeke Knudsen, Klaus Kinski (= Alexander Zakis), André Falcon, François Perrot, Jean Gaven, Robert Webber, Marc Michel, Ylva Setterborg, Karl Held, Ed Bishop, Marie-Christine Deshayes.
DE: August 1977.

118. **Jack the Ripper – Der Dirnenmörder von London.** BRD, 1977. P: Cinemec/Ascot. R: *Jess Franco* (Jesus Franco Manera/Jess Frank/Jesus Franco). DB: Jesus Franco Manera. K: Peter Baumgartner (Farbe). M: Walter Baumgartner.
Besetzung: Klaus Kinski (= Jack), Josephine Chaplin, Lina Romay, Herbert Fux.
V: Avis/Ascot. Lz: 91 Min. DE: 23. September 1976.

119. **La chanson de Roland.** F, 1977. R: *Frank Cassenti.* DB: Michèle Anne Mercier und Thierry Joly. K: Jean-Jacques Flori (Farbe). M: Antoine Duhamel.
Besetzung: Klaus Kinski (= Klaus), Alain Cuny, Pierre Clémenti, Jean-Pierre Kalfon, Monique Mercure, Niels Arestrup, Dominique Sanda, Jean-Claude Brialy.

120. **Opération Thunderbolt/Entebbé/Opération tonnere.** 1977. R: *Menahem Golan.* DB: Clarke Reynolds und Menahem Golan. K: Adam Greenberg (Farbe). M: Dov Seltzer.

›Madame Claude‹ (Madame Claude und ihre Gazellen, 1977), ein Film von Just Jaeckin mit Françoise Fabian und Klaus Kinski.

Klaus Kinski und Alain Delon in Georges Lautners Film ›Mort d'un pourri/Death of a Corrupt Man‹ (Der Fall Serrano, 1977). Kinski in der Rolle des Nicolas Tomsky.

Besetzung: Klaus Kinski (= Wilfried Böse), Sybil Danning, Assaf Dayan, Rachel Marcus, Arik Lavi, Mark Heath, Yehoram Gahon, Yitzak Rabin, Yigal Allon, Shimon Peres.

121. **Zoo Zéro.** F/It, 1977. R: *Alain Fleischer.* DB: Alain Fleischer. K: Bruno Nuytten (Farbe). Ba: Geoffroy Larcher. M: Wolfgang Amadeus Mozart (Dirigent Karl Böhm).
Besetzung: Cathérine Jourdan, Klaus Kinski (= Yavé), Christine Chappey, Pierre Clémenti, Alida Valli, Rufus, Lisette Malidor, Piéral, Anthony Steffen.

122. **Mort d'un pourri/Death Of a Corrupt Man** (Der Fall Serrano). F, 1977. P: Adel Productions (Norbert Saada). R: *Georges Lautner.* DB: Georges Lautner (nach dem Roman von Raf Vallet). Dialoge:

Filmplakat zu ›Nosferatu – Phantom der Nacht/Nosferatu, fantôme de la nuit‹ (1978), ein Thema, das bereits 1922 von Friedrich Wilhelm Murnau erfolgreich verfilmt wurde und heute zu den Klassikern der Filmgeschichte zählt.

Michel Audiard. K: Henri Decae (Farbe). M: Philippe Sarde. Besetzung: Alain Delon, Ornella Muti, Stéphane Audran, Mireille Darc, Maurice Ronet, Michel Aumont, Jean Bouise, Daniel Ceccaldi, Julien Guiomar, Klaus Kinski (= Nicolas Tomsky), François Chaumette, Zina, El Kebir, Henri Virlojeux, Charles Moulin. DE: März 1978.

123. **Nosferatu – Phantom der Nacht/Nosferatu, fantôme de la nuit.** BRD/ F, 1978. P: Werner Herzog (München)/Gaumont (Paris). R: *Werner Herzog*. DB: Werner Herzog (nach dem Roman »Dracula« von Bram Stoker und dem Film »Nosferatu – Eine Symphonie des Grauens« von F. W. Murnau). K: Jörg Schmidt-Reitwein (Farbe). Kass: Michael Gast. S: Beate Mainka-Jellinghaus. T: Harald Maury. Frisuren: Ludovic Paris. Ba: Henning von Gierke, Gisela Storch. Ko: Gisela Storch, Ann Poppel. Pl: Walter Saxer. Ma: Reiko Krukt, Dominique Collandant. Bel: Martin Gerbl. SpEff: Cornelius Siegel. Rass: Mirko Tichacek, Remmelt Remmelts. M: Florian Fricke, Popol Vuh, Richard Wagner, Charles Gounod, Vok Ansambi Gordela.
Besetzung: Klaus Kinski (= Graf Dracula), Isabelle Adjani, Bruno Ganz, Jacques Dufilho, Roland Topor, Walter Ladengast, Dan Van Husen, Jan Groth, Carsten Bodinus, Martje Grohmann, Ryk de Gooyer, Clemens Scheitz, Bo Van Hensbergen, John Leddy, Margiet Van Hartingsveld, Tim Beekman, Beverly Walker, Rudolf Wolf, Johan Te Slaa, Claude Chiarini, Stefan Husar, Roger Berry Losch. V: 20th Century-Fox. Lz: 107 Min. DE: 23. Februar 1979.

124. **Woyzeck.** BRD, 1978. P: Werner Herzog Filmproduktion (München). R: *Werner Herzog*. DB: Werner Herzog (nach dem Bühnenfragment von Georg Büchner). K: Jörg Schmidt-Reitwein, Michael Gast (Farbe, Breitwand). S: Beate Mainka-Jellinghaus. T: Harald Maury, Jean Fontaine. M: Fiedelquartett Telc, Antonio Vivaldi, Benedetto Marcello. Ba: Henning von Gierke. Ko: Gisela Storch. Bel: Martin Gerbl. Rass: Mirko Tichacek. Pl: Walter Saxer.
Besetzung: Klaus Kinski (= Franz Woyzeck), Eva Mattes, Wolfgang Reichmann, Willy Semmelrogge, Josef Bierbichler, Paul Burian, Volker Prechtl, Dieter Augustin, Irm Hermann, Wolfgang Bächler, Rosemarie (Rosy-Rosy) Heinikel, Herbert Fux, Thomas Mettke, Maria Mettke.
V: Filmverlag der Autoren.
Lz: 81 Min. DE: 25. Mai 1979.

125. **Haine.** F, 1979. R: *Dominique Goult.* M: Jean-Michel Jarre. Besetzung: Klaus Kinski, Maria Schneider, Patrice Menellec, Katia Tchenko.

126. **Love and Money.** USA, 1980. R: *James Toback.* Mit Ornella Muti, Ray Sharkey, King Vidor. P: Lorimar (Los Angeles).

127. **La femme-enfant. F, 1980.**
R: *Raphaéle Billetdoux.*

128. **Murder by Mail/Schyzoid.** 1980.
R: *David Paulsen.*

129. **Les fruits de la passion.** 1980. R: *Shuji Terayama.*

130. **Buddy Buddy** (Buddy Buddy). USA, 1981 P: Jay Weston/MGM. R: *Billy Wilder.* DB: Billy Wilder, I.A.L. Diamond (nach dem Bühnenstück von Francis Veber). K: Harry Stradling (Farbe). Produktionsentwürfe: Daniel A. Lomino. M: Lalo Schifrin. S: Argyle Nelson. Pl: Alain Bernheim. T: Don Sharpless.
Besetzung: Jack Lemmon, Walter Matthau, Paula Prentiss, Klaus Kinski (= Dr. Zuckerbrot), Dana Elcar, Miles Chapin, Joan Shawlee, Fil Formicola, Bette Raya, Suzie Galler. Deutsche Sprecher: Georg Thomalla (Lemmon), Wolfgang Völz (Matthau), Rita Engelmann (Prentiss), Friedrich G. Beckhaus (Kinski), Heinz-Theo Branding (Elcar), Ulrich Matthes (Chapin), Uwe Paulsen (Shawlee), Ulrich Gressieker (Formicola), Cordula Hubrich (Raya), Sabine Clasen (Galler).
DE: April 1982.

131. **Fitzcarraldo.** BRD, 1981. P: Werner Herzog Filmproduktion (München)/Pro-ject-Filmproduktion im Filmverlag der Autoren (München). R: *Werner Herzog.* DB: Werner Herzog. K: Thomas Mauch.
Besetzung: Klaus Kinski (= Fitzcarraldo), Paul Hiltscher, Claudia Cardinale, Miguel Angel Fuentes, Enrique Borjes, Rui Pocanah, Grande Othelo, Peter Berling.
DE: März 1982.

132. **L'ombre du loup** (Der Schatten des Wolfes). F, 1981. Mit Penelope Palmer.

133. **Venom** (Die schwarze Mamba). USA, 1981. P: Morrison Film Group/Martin Bregman/Harry Benn. R: *Piers Haggard* M: Michael Kamen. DB: Robert Carrington (nach dem Roman von Alan Scholefield). K: Gil Taylor (Farbe). Executive Producers: Louis A. Stroller, Richard R. St. Johns.
Besetzung: Sterling Hayden, Klaus Kinski (= Jacmel), Sarah Miles, Nicol Williamson, Cornelia Sharpe, Susan George, Lance Holcomb, Oliver Reed, Mike Gwilym, Maurice Colbourne.
DE: 23.4.1982.

134. **The Soldier** (Der Söldner). USA, 1982. P: Embassy Pictures/James Glickenhaus. R: *James Glickenhaus.* DB: James Glickenhaus. K: Robert Baldwin (Farbe). M: Tangerine Dream.
Besetzung: Ken Wahl, Alberta Watson, William Prince, Klaus Kinski (= Leoniff Dracha). DE: 16.7.1982.

135. **Burden of Dreams** (Die Last der Träume). USA, 1981/82. P: Flower Films. R: *Les Blank.* DB: Les Blank. K: Les Blank (Farbe). TV-Dokumentation zu *Fitzcarraldo.*
V: offen. Lz: 93 Min. DE: 30. Mai 1982.

136. **Android** (Der Android). USA, 1982. P: New World Pictures/Android. R: *Aaron Lipstadt.* DB: James Reigle, Don Opper. K: Tim Suhrstedt (Farbe). M: Don Preston.
Besetzung: Klaus Kinski (= mad scientist), Don Opper, Norbert Weiser, Kendra Kirchner, Crofton Hardester.
V: Warner-Columbia. Lz: 80 Min. DE: 22. Juli 1983.

137. **The Secret Diary of Sigmund Freud.** USA, 1983/84. R: *Danford B. Greene.*
Besetzung: Bud Cort, Carol Kane, Klaus Kinski (= Doktor), Marisa Berenson, Carroll Baker, Dick Shawn, Ferdinand Mayne.
(In der BRD nicht gelaufen.)

138. **The Little Drummer Girl** (Die Libelle). USA, 1983/84. P: Robert L. Crawford/Pan Arts. R: *George Roy Hill.* DB: Loring Mandel (nach dem Roman von John le Carré). K: Wolfgang Treu (Farbe). S: William Reynolds. T: Günter Stadelmann. Ba: Henry Bumstead. Ko: Ille Sievers, Kristi Zay. SpEff: Karl Baumgartner. M: Dave Grusin.
Besetzung: Diane Keaton, Yorgo Voyagis, Klaus Kinski (= Kurtz), Sami Frey, Michael Cristofer, David Suchet, Eli Danker, Ben Levine, Jonathan Sagalle, Anna Massey, Julian Firth.

V: Warner-Columbia. Video: Warner Home Video. Lz: 130 Min.
DE: 15. März 1985.

139. **The Revenge of Stolen Stars.** USA, 1984. Regie: *Ulli Lommel.*
(In der BRD nicht gelaufen.)

140. **The Titan Field** auch **Creature.** USA, 1984. Regie: *William Malone.*
Besetzung: Stan Ivar, Wendy Schaal, Lyman Ward, Robert Jaffe,
Diane Salinger, Annette McCarthy, Klaus Kinski.
(In der BRD nicht gelaufen.)

141. **Geheimcode Wildgänse.** BRD/Italien, 1984. P: Erwin C. Dietrich/
Ascot/Cinematografica. R: *Anthony M. Dawson* (= A. Margheriti).
DB: Mark Lester. K: Peter Baumgartner (Farbe). M: Jan Nemec/
Eloy.
Besetzung: Lewis Collins, Lee van Cleef, Klaus Kinski (= Charlton),
Ernest Borgnine, Mimsy Farmer, Manfred Lehmann, Thomas Dan-
neberg, Frank Glaubrecht, Ernst Neugebauer.
V: Ascot. Video: RCA/Columbia. Lz: 101 Min. DE: 5. Oktober
1984.

142. **Commando Leopard** (Kommando Leopard). BRD/Italien, 1985. P:
Erwin C. Dietrich/Ascot/Prestige. R: *Anthony M. Dawson* (= A.
Margheriti). DB: Roy Nelson. K: Peter Baumgartner (Farbe). S:
Arno Süssbier. Ba: Elio Baletti. Ko: Gesine Seldte. Ma: Christine
Weber. M: Ennio Morricone.
Besetzung: Lewis Collins, Klaus Kinski (= Silveira), Manfred Leh-
mann, Christina Donadio, John Steiner, Subas Herrera, Hans Leu-
tenegger, Tom Danneberg, Alan C. Walker, Julio Rodrigo, Franco
Derosa.
V: Ascot. Video: UfA. Lz: 103 Min. DE: 24. Oktober 1985.

143. **Crawlspace** (Killerhaus). USA, 1985. P: Roberto Bessi. R: *David
Schmoeller.* DB: David Schmoeller. K: Sergio Salvati (Farbe). S:
Bert Glarstein. M: Pino Donoggio.
Besetzung: Klaus Kinski (= Dr. Karl Gunther), Talia Balsam, Bar-
bara Whinnery, Sally Brown, Carol Francis, Tané, Jack Heller, Ken-
neth Robert Shippy.
V: Vestron Video. Lz: 77 Min. DE: 15. Juli 1987.

144. **El caballero del dragon** auch **El vuelo del dragon** (Star Knight – Der
Herr der Sterne). Spanien, 1986. P: Fernando Colomo/Salamandra.
R: *Fernando Colomo.* DB: Andreu Martin, Fernando Colomo, Mi-

guel Angel Nieto. K: José Luis Alcaine (Farbe). S: M. A. Santama-
ria. M: José Nieto.
Besetzung: Klaus Kinski (= Boetius), Harvey Keitel, Fernando Rey,
Maria Lamor, José Vivo, Miguel Bosé.
V: UfA Video. Lz: 90 Min. DE: 21. März 1988.

145. **Zeit zu zweit.** Desirée Nosbusch und Klaus Kinski. BRD, 1985. R:
Georg Bossert.
TV-Dokumentation.

146. **Naufragio del galeone grande San Giovanni.** Italien, 1986. R: *Ga-*
briella Rosaleva.
(In der BRD nicht gelaufen.)

Vom Banditen und Plantagenaufseher zum Vizekönig – Klaus Kinski in
›Cobra Verde‹ (Regie: Werner Herzog, 1987).

147. **Cobra Verde.** BRD, 1987. P: Lucki Stipetic/Werner Herzog Film-prod./ZDF/Ghana Industry Corp. R: *Werner Herzog.* DB: Werner Herzog (nach Motiven des Romans »Der Vizekönig von Ouidah« von Bruce Chatwin). K: Viktor Ruzicka (Farbe). S: Maximiliane Mainka. M: Popul Vuh.
Besetzung: Klaus Kinski (= Francisco), King Ampaw, José Lewgoy, Salvatore Basile, Peter Berling, Guillermo Coronel, Nana Agyefi Kwame II. von Nsien, Nana Fedu Abodo, Kwesi Fase, Benito Stefanelli. V: Concorde. Video: Warner Home Video. Lz: 110 Min. DE: 3. Dezember 1978.

148. **Herzog in Afrika.** BRD, 1987. R: *Steff Gruber.*
TV-Dokumentation zu *Cobra Verde.*
Lz: 60 Min. DE: 1. Dezember 1987.

Blutarm: Klaus Kinski als Vampir und Anne Knecht als Plasmaspenderin in ›Nosferatu in Venedig‹ (1987).

185

149. **Nosferatu a Venezia** (Nosferatu in Venedig). Italien, 1987. P: Augusto Caminito/Scena/Reteitalia. R: *Alan Cummings* (= Augusto Caminito). DB: Carlo Alberto Alfiere, Leandro Lucchetti, Augusto Caminito. K: Antonio Nardi (Farbe). S: Claudio Cutry. M: Luigi Ceccarelli, Songs von Vangelis.
Besetzung: Klaus Kinski (= Nosferatu), Barbara de Rossi, Christopher Plummer, Yorgo Voyagis, Clara Colisimo, Donald Pleasence, Maria C. Cumani, Elvire Audray, Anne Knecht.
V: Metropol. Video: VPS. Lz: 93 Min. DE: 1. September 1988.

150. **Paganini** (Paganini). Italien, 1989. R: *Klaus Kinski.* DB: Klaus Kinski.
Besetzung: Klaus Kinski, Debora Caprioglio, Dalila di Lazzaro, Nanhoi Kinski.
(In der BRD nicht gelaufen.)

Bibliographie

1. *Ich bin so wild nach deinem Erdbeermund* (Verlag Rogner und Bernhard) von Klaus Kinski, 1975.
2. *Crever pour vivre* (Editions Belfond) von Klaus Kinski, 1976.
Kinski hat sich mit dieser – in den Annalen einzigartigen – Autobiographie völlig preisgegeben. Es ist ein wütender Aufschrei von Aufbegehren, Liebe und Haß. *Crever pour vivre* soll nach der Absicht seines Autors ein Buch sein, das aufrüttelt und wachmacht.
3. *Kinski* (Verlag Rogner und Bernhard) von Jean-Marie Sabatier, 1979.
Mit einem sehr kurzen Text von J.-M. Sabatier versehen und ergänzt durch Auszüge aus verschiedenen Interviews, stellt dieses wunderschöne Buch vor allem ein herrliches Fotoalbum dar. Ohne chronologische Ordnung sind alle großen, im Bild festgehaltenen Momente seines Lebens hier zu finden: Seine Heirat, die Geburt des Sohnes, Aguirre, der Dschungel, das Meer etc. Dieses Buch wirkt wie die vollkommene visuelle Ergänzung zu *Crever pour vivre*.

Register

A

Aguirre, der Zorn Gottes 7, 10, 62, 65ff.,
    76, 78, 87, 89, 91f., 94, 96, 104ff., 116,
    117, 163
Apputamento con il disonore 56
assassino ha ore contate, L' 42
A Time to Love and a Time to Die 22, 101
Audran, Stephane 56

B

Bankraub in der Rue Latour 22
Barker, Lex 30
bastardo, Il 46
Bazzoni, Luigi 44
Berger, Senta 30, *35*
Berling, Peter *163*
Bideau, Jean-Luc 82
Borsche, Dieter *133*
Bourvil, André 30
Bregman, Martin 109
Brice, Pierre 32
Buddy, Buddy 102f., 112
Buchholz, Horst *38, 84*

C

Camerini, Mario 30
Carmineo, Giuliamo 53
Cassenti, Frank 86f.
chanson de Roland, La 86
chiamavano king, Lo 60
Christion-Jacque 30
Cincque per l'inferno 50
Circus of Terror 34
Clémenti, Pierre 87
Cobra Verde 122f.
Colomo, Fernando 119
conde Dracula, El 54f.
Constantin, Michel 56
Corbucci, Sergio 46, 114
Counterfait Traitor, The 24, 101
creatura del demonia, La 118
Creature 118

D

Damiani, Damiano 36, 75, 114
Decision Before Dawn 17, 101
Deem, Miles 56, 60

Delon, Alain 84, *170*
De Niro, Robert 8
Doctor Zhivago 34, 114, 141
doppia faccia, A 53
Drache, Heinz *128, 131*
Due volte Giuda 50
Duperey, Anny 82

E

Eastwood, Clint 33, *40*
E Dio disse a caino 52
enfer est vide, L' 36

F

Fabian, Françoise 83
Fellini, Federico 43
Fischer-Gundlach, Alida 118
Fischer, O. W. 18, *19*
Fitzcarraldo 10, 103ff., 109, 115f., 117,
    122
Fonda, Henry 30
Franciosa, Anthony 56
Francis, Freddie 32
Franco, Jeff 44ff., 50, 54, 82
Freda, Riccardo 53f.
Fuchsberger, Joachim *129*

G

Gassmann, Vittorio 30
Gasthaus an der Themse, Das 129
Geheimcode Wildgänse 118f.
Geliebte Corinna 21
Gemma, Giuliano 46
Giehse, Therese 20
Gindrich, Irvin 117
Giu la testa ... hombre! 56
Glickenhaus, James 112
Goult, Dominique 100f.
grande silenzio, Il 46
Grothum, Brigitte *26, 127*
guerra segreta, La 30

H

Haggard, Piers 109
Haine 100f.
Hanussen 18
Harmstorff, Raimund 75

Hayworth, Rita 46
Herzog, Werner 10, 62, 66ff., 88f., 91, 93ff., 103ff., 112, 114ff., 118, 122f., *163*
Hill, Terence 75

I

Ibsen, Henrik 14
important c'est d'aimer, L' 71ff., 78
Isasmendi, Antonio Isasi 32

J

Jack the Ripper 82, 91
Jacob, Gilles 118
Jaeckin, Just 83, 114
Jagger, Mick 104
Jürgens, Curd 22, 114
Justine 45, 50

K

Käutner, Helmut 18, 114
Keaton, Diane 121
Keitel, Harvey 119
Killerhaus 118
Kinder, Mütter und ein General 21, 119
Kinski, Minhoi *15*, 62, 103
Kinski, Nanhoi *15, 99*, 123
Kinski, Nastassja *16, 97*, 116
Kinski, Pola 116
Kommando Leopard 118
Kortner, Fritz 18, 114
Krahl, Hilde *119*

L

Lautner, Georges 84, 114
Lean, David 34, 114
Lee, Christopher 55
Lemmon, Jack 102
Leone, Sergio 32f., 43, 46, 75, 114f.
Leopardi di Churchill, I 56
letzte Ritt nach Santa Cruz, Der 32
Libelle, Die 121f.
Liebeneiner, Wolfgang 21, 114
Lifespan 75
Lipstadt, Aaron 120
litto nella piaggia, Il 53
Litvak, Anatole 17, 114
Love and Money 101
Ludwig II. 18f., 24

M

Madame Claude 83, 160
Magnani, Anna 12
Marrakesch 35
McGoohan, Patrick 75
McMahon, Robert 56
Miller, Henry 74
Miou-Miou 75
Miraglio, Emilio P. 56
Moati, Serge 77f.
Morituri 16
Morricone, Ennio 42, 76
Mort d'un pourri 84ff.
Murder By Mail 101
Murnau, Friedrich Wilhelm 89, 108

N

Nanfragio del galeone grande San Giovanni, 120
Nella stretta morsa del ragno 56
Neues vom Hexer 36
Nosferatu 10, 88ff., 93, 107ff., 119, 124, 171
Nosferatu in Venedig 119
Nuit d'or 77f., 82, 167
Nuyttens, Bruno 87f.

O

Occhio del ragno, L' 60, 155
Operation Estamboul 32, 38
Operation Thunderbolt 83f.

P

Paganini 118, 124
Palmer, Lilli 56, *153*
Paprika 124
peau de torpedo, La 56, 153
Per qualche dollari in piu 32f., 43f., 64f.
Per una bara piena di dollari 60
Piccadilly null Uhr zwölf 135
Pine, Attila 118
Pleasure Girls, The 32, 143
Prega il morto e amazza il vivo 56
Pulver, Liselotte *20*

Q

Quien sabe? 36

R

Rächer, Der 22
Rey, Fernando 119
Rimbaud, Arthur 74
Robinson, Edward G. 42
Rossellini, Roberto 43

S

Schell, Maximilian 20, *21, 29*
Schneider, Romy 72, *167*
Scotland Yard jagt Dr. Mabuse 134
Secret Diary of Sigmund Freud 118
Sharkey, Ray 101
Shonteff, Lindsay 37
Sirk, Douglas 21, 114
Slaves of Sumuru, The 37
Sommer, Elke *73*
Sono Sartana il vostro becchino 53
Soldier, The 112f., 115
Sqietiere, Pasquale 60
Star Knight – Der Herr der Sterne 119
Stoker, Bram 54

T

Tessari, Duccio 46
Top Job 42
Töte Amigo 44
toten Augen von London, Die 22, 123
Tür mit den 7 Schlössern, Die 28, 128

U

Um Thron und Liebe (Sarajevo) 17f.
Un genio, due compari, un pollo 75
Uomo, L'orgoglio, la vendetta, L' 44

V

Van Cleef, Lee 32f.
Vatican Story 56
vendetta e un piatto che si serve freddo, La 60
Venom 108, 111f.
Vohrer, Alfred 22, 36, 114
Volonté, Gian Maria 33, 36

W

Waldwinter 21
Wallace, Edgar 22, 112, *123*
War and Peace 101
Wilder, Billy 102, 114
Winnetou II 31
Woyzeck 10, 93ff., 101, 108, 116ff.

Y

York, Eugen 16

Z

Zinker, Der 26, 131
Zoo Zéro 87f.
Zulawski, Andrzej 72f., 76, 114

HEYNE FILM- UND FERNSEHBIBLIOTHEK

DIE NEUEN STARS IN HOLLYWOOD

32/139

32/147

32/138

32/156

32/109

WILHELM HEYNE VERLAG MÜNCHEN